增補改訂版

# Native place the Cape plants・II

Bulbs & Succulent

## 南アフリカ・ナマクアランド 多肉植物自生地

アロエ・ピランシー *Aloidendron pillansii*

## はじめに

旅の目的は様々ですが、ホモサピエンス史上で最も長旅をし、旅慣れた遺伝子を持っているのが日本人ではないでしょうか。アフリカ大陸からユーラシア大陸に渡り日本まで、様々なルートで辿り着いたとの研究があります。本書では人類が誕生したアフリカ大陸のタンザニアから更に南下した地の果て、南アフリカ共和国内に在る未開の大地で、珍奇とも言われる多肉植物（多肉）探しが旅のテーマです。知らない事を解き明かし、自分を変えるのが旅であるとすれば、趣味と抱き合わせれば楽しみも増す事でしょう。

生活の友として植物は身近に存在しますが、その殆どを知り尽くしつつある人類。残された最後が多肉だとも言われています。多肉は、他の植物では味わえない造形的な姿や肌の美しさが魅力で、珍奇植物と呼ばれる所以でもあります。その幹や葉は毎日見ていても飽きず、花も綺麗な品種が多いのが特徴です。冬の寒さから身を守ってあげる配慮を心がければ、窓辺やベランダ等の限られたスペースにも置け、給水間隔も比較的長いので、気楽に家を留守に出来る事も利点でしょう。更に、エアコンの効いた室内は乾燥しがちになりますが、それはむしろ自生地の環境に近く、そう考えれば現代の生活にマッチした植物であるとも言えます。

豊かな生活が満たされつつある昨今、ポイントさえつかめば気軽に長期間楽しめる事もあり、世界中でブームになっているのが多肉です。しかし、自然界で生息する姿を見た人はほんの一握りなのではないかと思われます。何故ならば、その地がおよそ人が住む環境とはかけ離れた場所であるからかも知れません、そんな自生地を知るのが今回の旅です。

コロナ禍で様々な活動が制限され、ウイルスとの共生が出来る迄、知恵比べが続くのではないでしょうか。身動きがとり難い中で、大きな影響を受けたのが旅、国境はおろか県境を越える事も制約され、思うに任せず仕舞でした。ようやくワクチンの普及と知恵のもと、自由な行動が世界各地で再会されつつあります。一日も早い元の姿に取り戻せることを期待し、数年前に探索した知られざる夢の世界へご案内しましょう。

先にも触れましたが、この旅の目的は、多肉が世界で最も多く自生する南アフリカ共和国での探索です。ナマクワランドと呼ばれる地域を北から南まで、言わば多肉街道とでも呼ぶに相応しい名も無き悪路を激走する事 3500 ㎞、10 日間の行程。人に出会う事も無く、物音も聞こえない静寂が保たれた、意外な場所に点在する多肉の自生地を巡る旅。日本人の殆んどの人が行かなかった、行ったけれども誰も書かなかった、これは本邦初の不思議な旅の記録です。

**さあ一緒に出掛けよう、あなたの知らない多肉の世界へ！**

旅の夢を運ぶ・南アフリカ航空機

リヒタースベルト地方は絶滅危惧種のアロイデンドロン・ピランシー（中央下の 2 本）の自生地で有名

①アロイデンドロン・ディコトマム
②アロエの花
③ゲチリスの黄花の蕾
④万物想（右）アイゾアセアエ（左）&（上）

# Namaqualand

## 真冬の南アフリカ北ケープ州・ナマクワランドの山地

南アフリカの北ケープ州にあるナマクワランド、ここは 1000 種を超える多肉植物の宝庫。
Kさんの車と石と土以外は全て多肉植物が自生する丘が続く

1

Namaqualand

# 特別掲載：パキポディウム・ナマクアナム(光堂)の自生地

一説によると、南アフリカに行ったからには、「光堂」の自生地を見ずに帰るのは邪道とまで言われています。2023 年には、多肉を 600 鉢も育成されている俳優の滝藤賢一さんが、南アフリカの地を訪れ、パキポディウム・ナマクワナムの自生地もご覧になられ、感激される様子がＮＨＫのＢＳで同年 12 月に放映され話題になりました。この本の内容は、その 6 年前に同じ場所を含む、更に広範囲に渡る自生地を探索した記録です。アレキサンダーベイから東の山中にある光堂の自生地へ向かうも、タイヤがパンクし途中で引き返し、見る事は叶いませんでした。

このページ下の 2 枚の写真と P22①の写真は、我が国で多肉植物の第一人者、小林浩様のご厚意により、氏の著書『自生地の多肉植物』誠文堂新光社刊、及び『サボテン多肉植物ポケット図鑑』誠美堂出版刊より転載させていただきました。数十年前でしょうか、若かりし頃の氏が見上げるパキポディウム・ナマクワナム（アフリカ伝説では別名：ハーフマン）は、ＮＨＫの番組よりも、更に奥深い自生地で撮影された貴重な一枚と言えそうです。

①パキポディウム・ナマクワナム（巨大株を見上げるのは小林浩氏）
小林浩著「自生地の多肉植物」誠文堂新光社より転載

②パキポディウム・ナマクアナムの花
小林浩著「サボテン多肉植物ポケット図鑑」成美堂出版より転載

# Knersvlakte（クネルスワラクテ）石英の台地

①クネルスワラクテの真っ白な石英の大地
②アルギロデルマ
③オオフィツム
④ダクチロプシスの様に石より飛び出す個体は傷だらけの生涯を送る事 に、餌にもされるだろう
⑤ケイリドプシスに守られる様に生育するコノフィツム

# Namaqualand

## 南アフリカの北ケープ州・ナマクワランドの春

南アフリカ・ナマクワランドの９月は春
長い乾期でアースカラーの砂漠が春の到来を告げる雨が降ると、
突如として一面のお花畠「奇跡の花園」に変わる。

▼上から下までこの山は多肉植物の宝庫。頂上の石英の間にコノフィツム属エクチプム、中間にアロエ属のメラナカンタ、ディコトマ、サルコカウロン属のブルマニー、ペラルゴニウム属カルノースム、チレコドン属の奇峰綿、阿房宮、コチレドン属オルビキュラータ、クラッスラ属青鎖竜、下はケイリドプシス属リカルディアエ、花メセン類ランプランタスが多数見られる。南アフリカ・ポートノロスとスプリングボックの中間。

# Namaqualand

バンリンスドルフ北部にあるクネルスワラクテと呼ばれる真っ白な石英の台地は
南アフリカ共和国では多くのメセン類が生息する極めて珍しく重要な場所である。
緑色はダクチロプシス（親指姫）、赤紫色の花はアルギロデルマ

# The Table of Contents

# アピントン→ケープタウンまで南ア西部を行く 真冬の多肉街道・自生地巡り3500km

かねてより“多肉植物（多肉）の自生地を探索してみたい”との思いが心を動かし、計画に至った。そのきっかけと成ったのが、国際多肉植物協会 (ISIJ) の小林浩会長が執筆された「サボテン・多肉植物（優良品種・新品種ガイドと栽培・管理法）カラー図鑑」（成美堂出版 1997 年）の中に掲載されている南アフリカ共和国の丘を背景に咲き誇る多肉の花々（復刻掲載、P 10 ～ 11 参照、撮影＆解説：小林浩様）に魅せられたからだ。しかし、様々な情報から推測する限りでは、あの様な見事な開花に遭遇出来るか否かは運を天に任せる（春の訪れとともに偶然にも雨が降れば咲く）しかないらしい事も明らかになった。小林会長は 30 年以上もの間、様々な時期に現地を訪れた末、運良く恵みの雨が降り出会えたらしいのだ。となるとすれば、開花時期の春を狙うのでは無くても良いとの思いで、避暑を兼ねて先ずは真冬の生息地の状況を見ようと友人に連絡してみた。現地の彼から「出歩くのは冬の方が、他の植物が地表部分が枯れて休眠するのに対し、殆どの品種が枯れずに個体を維持する多肉が目立ち探索し易い。更には、夏と異なり虫さされ等の害も殆ど無い。」とのアドバイスも有り決めたのである。思い立ったが吉日、今がチャンスと悟り 2017 年 7 月に旅に出る事にした。

初めての南アフリカ共和国、ヨハネスブルグ迄は、成田から経由地の香港で、キャセイパシフィックの直行便に乗り換えて行く事にした。香港から 13 時間の長旅ではあったがエコノミークラス症候群にもならず、無事現地に到着。乗り継ぎ時間と治安の面を考慮して空港の外には出ず、カフェテリアでアフリカ特産のルイボスティーを飲みながら、フライト迄の時間をつぶす。ここからはローカル航空に乗り継ぎ、地方都市のアピントン迄移動する事になる。わざわざアピントン迄行く目的は、案内役を快く引き受けてくれた米国系企業に勤務する現地在住の日本人商社マン K さんと、空港で待ち合わせる為だ。K さんの住まいはヨハネスブルグだが、半月の休暇を取ってくれたのだ。植物好きな事もあって、自分にも経験が無い多肉の自生地探索を前に、様々な植物関係者からの情報をキャッチしてくれ、準備は整っているとの事である。アウトドア仕様のマイカーで、その宝庫と言われる西側一帯に点在する自生地を、北からケープタウンまで南下しようとの計画なのだ。その出発点に近いアピントンに先回りしてくれているのが何とも有難い。

①成田から香港経由ヨハネスブルク TAMBO 空港へ

②顧客の殆どが現地人（TAMBO 空港内のレストラン前で）

③空港内には多くの売店が連なる

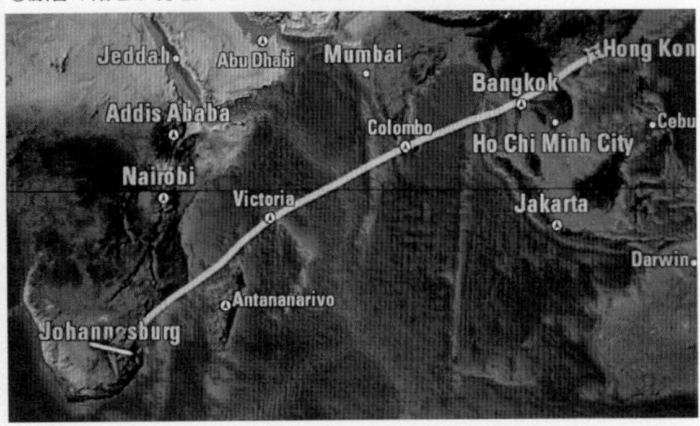

④香港からの直行便は 13 時間でヨハネスブルグに到着（機内のディスプレー）

ヨハネスブルグは、南アフリカ共和国で最大の人口を有する都市（首都は更に北東に位置するプレトリア）だ。そこにあるＴＡＭＢＯ空港、搭乗客以外は空港の従業員を含め当然ではあるが圧倒的に原住民が多い中に一人でいると、南半球の地の果てに来てしまったとの思いと、いよいよ待望のアフリカの原野を探索出来る時が来たのだとの実感で心が騒ぐ。さあそろそろフライト時間が迫って来た、搭乗手続きを済ませるとしよう。ヨハネスブルクの空港からは、ローカル航空のエアリンク社（南アフリカ航空の子会社）が就航させる、50 人乗りのエンブラエル ERJ145 型機でアピントン空港に向かう。この機体は、搭乗口の扉が手前下側に開くと、内部がタラップと一体化した機能性を誇る新鋭機だ。後部に鎮座する、２機のロールスロイス製ターボファンジェットエンジンが頼もしい。更に真っ赤な垂直尾翼に描かれたカラフルな太陽鳥の尖った長い嘴、いかにも南アフリカの空を飛ぶ機体といった印象を受ける。この鳥が、まさしく尖った嘴をアロエの細長い花の奥に差し込みその蜜を吸う姿に、旅の途中で２度も遭遇する事になるとは、この時には予想する事が出来なかったのである。

①機体に描かれた太陽鳥
②TAMBO空港の長く大きなリムジンバス
③扉と一体のタラップから搭乗する
④50人乗りのエンブラエル製ERJ145型機（アピントン空港）

離陸から１時間ほどのフライトではあるが、スリムなキャビン・アテンダント（スチュワーデス）がドリンクとお菓子を運んできた。コーヒーとアップルパイを注文し、間違いなく依頼した品がテーブルに置かれホッとする。この機体は座席が３列で通路が１本、左側の１人座席だったので、隣を気にせずに飲食やカメラを操作出来たのが幸いした。窓から見えるこの辺りは、丘や山も上空からは確認出来ない程の広大な原野が続き、その先の地平線を良く見ると「地球は丸い」という先入観からか、初めて見る若干湾曲したその姿に感激する。風が強い場所も有る様で、赤茶色の砂埃も確認出来、その影響も有るのか地上近くは少し霞んでいる。驚く事に、天空は他国で見るのとは異なり濃紺色、空気が澄んでいる証拠なのだろう。着陸したアピントン空港は滑走路が１本で、プライベート用だろうか、見えるのは１機の小型機だけで、国際空港とは名ばかりだ。次のフライトは夕方の帰りの便で、空港内はがらんとしていた。

①アピントン空港は国際線も飛ぶ様だ
②キャビンアテンダント・クルーも全員がアフリカ原住民系
③濃紺の空・赤茶色の大地・地球は丸かった
④看板の両脇に一対のアロエ・ディコトマが植栽されていた
⑤プライベート用の小型機だろうか、他に機体は無かった

①3 日目の地域では、赤・黄・白・茶色と様々な色の砂が現れ、肌と同じ黄色の砂に生育するペラルゴニウム
②多種類の多肉が所狭しと自生している
③アルギロデルマ（6 日目のクネルスフラクテと呼ばれる石英の大地）

①この山は縦横無尽に地殻変動の跡が残り、太古からのアフリカ大陸の歴史の一端を垣間見る事が出来る貴重な一枚、そんな所にも多肉を含む植物が生息している

②冬も終盤を迎えモニラリアが目覚めて芽吹きを迎えた
③崖の上にアロイデンドロン・ディコトマム
④水晶石の丘のアロギロデルマの蕾
⑤ケイリドプシスやアイゾアセアが混生する丘

# SOUTH AFRICA
## 南アフリカ共和国・多肉植物の原産地探訪コースマップ

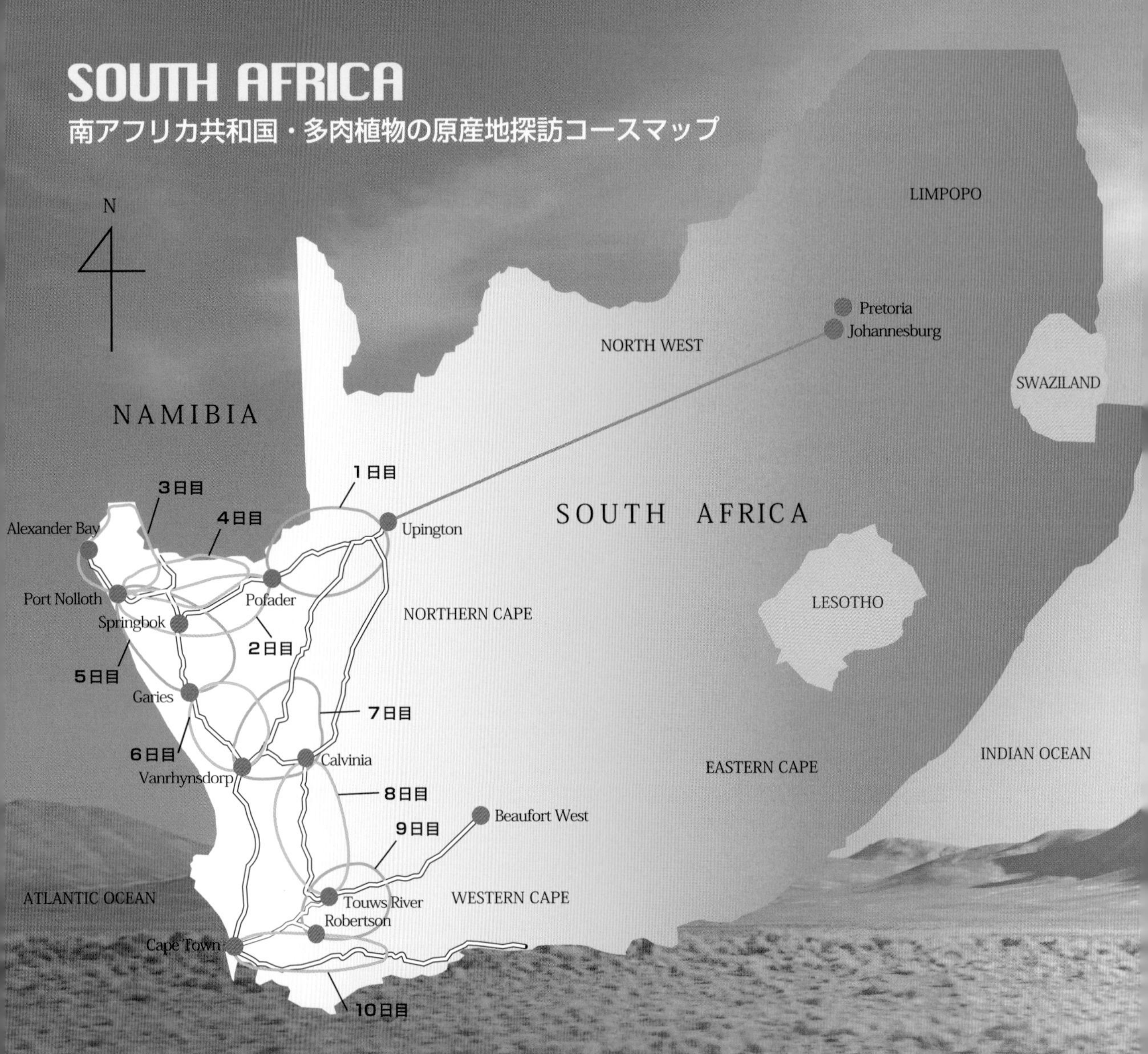


### 植物の宝庫・南アフリカ共和国

悠久の大地南アフリカ共和国は22,000種の花が咲く楽園とも言われている。8月下旬から9月上旬の春、褐色の大地は恵みの雨で目覚め、色鮮やかな花々とその香りに包まれる。北東部に位置する首都プレトリア、70,000本に及ぶジャカランダの街路樹が花開く10～11月、その美しい風景は日本で言えば桜並木だ。更にインド洋に面した南部地域に咲く南アフリカの国花は、100種にも及ぶと言われるキングプロテア。夏が花季のヒマワリの様な直径20㎝に及ぶペールピンクを代表とする色は美しく、その切り花は日本でも人気が上昇中である。

インド洋と大西洋が出会うこの国の気候は、東西南北の地域はもとより、夏や冬の季節、更には地形にも左右され、雨季や乾季が場所により異なる。その分布は複雑に入り組み、地域に適した植物が生息するのは多肉植物（多肉）も例外ではない。多肉は、夏型・冬型と呼ばれる様に、種の繁殖に相応しい雨季が何時かによって生息地を選ぶ為、気候分布を知る事は重要である。

多肉の多くが生息するのは、西は大西洋岸から東へ100±20km、南はバンリンスドルフ北はナミビア国境に及ぶ広大なナマクワランドと呼ばれる北西部にあたる地域だ。世界中で確認されている多肉の一割がここで見られる（南アフリカ観光局のトラベルガイド2015年版）。このフォト＆エッセイはナマクワランドに隣接する、ポファダーの東隣アピントンから、多肉の宝庫である西部の核心部（主に2～7日目）を激走し、最南端のケープタウン迄、手付かずの原野とそれらを結ぶ名も無き街道が舞台である。途中の高原地帯では、人気のケープバルブ類も多肉と共生する。紀行文スタイルではありますが、探索中に確認出来た種類を、出来るだけ多く掲載する事を心がけました。（Cape　Plantsでは500枚、Cape　Plants・Ⅱでは700枚以上の写真を掲載しました）

# Upington ──320km──▶ Pofader

アピントン　　　　ポファダー（泊）

この地方の主な生息種／ Euphorbia, Dinteranthus, Anacampseros, Conophytum, Avonia, Haworthia, Hoodia, Drosanthemum, Cheiridopsis, Lapidaria, Aloe claviflora

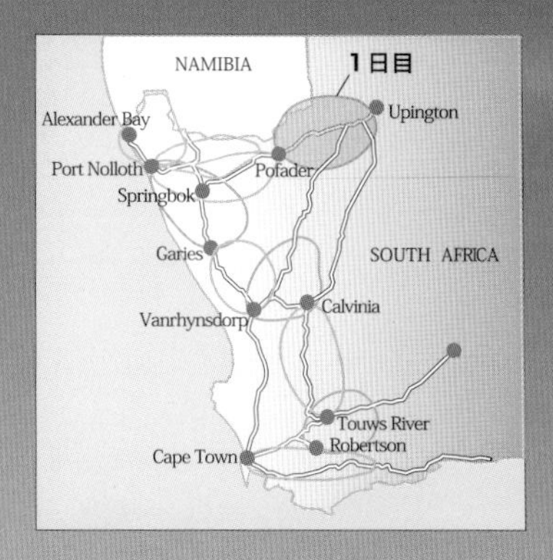

南アフリカの大地は、白・赤・茶・黒・灰色等と様々だが、鉄条網で囲われている箇所も有る、放牧されている原野も多いが、主に自生の植物を餌にしている様だ（茶色の原野）。

久し振りにお会いするKさん、アロイデンドロン・ディコトマム（この本では略してA・ディコトマム＝アロエ・ディコトマ（とアロエ・ピランシー）の属が変わり呼び名も変わってしまった）が植栽された空港の駐車場で出迎えてくれた。手短な挨拶で早速出発、国道 14 号線をひたすら車を西に向け走らせる。南アフリカ共和国の車の通行は日本と同じ左側なので乗っていても違和感はない。しかも交通量が少ないので運転しながら風景も楽しめそうだが、幹線道路は一般道でも制限速度が 120 ㎞なので気は抜けない。走るにつれ不規則に入れ替わる見慣れぬ大地は興味深く、この地方特有の植物や岩石が織り成すワイルドな風景が前にも横にも続く。更に建物の有無にかかわらず、敷地という敷地の全てが道路との境界を 5～ 7m余して鉄条網が張り巡らされているのだ。一説によればその延長距離は南アフリカ共和国内だけでも、月へ届く位の長さに相当するとの事で、驚くばかりだ。

①ブルゲリーの自生地にて（小林浩氏の著書より転載）姿は“米ゴマ”状で、地上は平たく、土中は水分を保つ個体にて生育し、身の安全を保つ姿に進化？している
②国道脇の電柱の丸いものは鳥の巣
③*Aloe framesii* アロエ
④*Aloe hereroensis* アロエ
⑤*Dinterunthus Wilmotianus* ディンテランタス

押しなべて茶色の平原と叢（ｸｻﾑﾗ）が交互に続くが、所々に黒っぽい岩や大きな石が積み上げられた高さ 10～30m程の小山が現れるのが不思議だ。Kさん曰く「積み上げた」のではなく「地下から隆起」し続けているらしい。良く見ると平原だった時の草が、石の上の所々に確認出来るのがその証と言って良いだろう。日本では地震の時に液状化現象により、水と一緒に土砂や岩石が地上に出て来る場所が有るのと同じなのだろうか、地球のエネルギーは恐ろしい。そうこうしているうちに今度は、沿道の電柱に何やら薄茶色の藁（ﾜﾗ）の様な塊が見られる様になってきた。Kさんの知るところでは、鳥の巣なのだそうで、ややもすると漏電が発生し停電を誘発させてしまうらしい、困ったものだ。何しろ鳥が巣を作りたくても大平原の真っただ中、栄巣にふさわしい木がこの辺りには皆無なので仕方ないのだろう、むしろ漏電対策を施して鳥との共存を図った方が得策のような気がしないでもない。鳥に誘われ路肩に停車して驚く、そこは白やピンク色の水晶石の宝庫、探し回るとディンテランタス、ユーホルビア、コノフィツム等が生息する楽園となっている、しかもここは路肩だ、信じられない。

①隆起し続ける大地、草原の草もろとも持ち上げられた様子が確認出来る。
②樹木が無いので電柱に細い枯草で巣を作る小鳥の団地20家族位が下の穴から出入り。
③*Quaqua* sp.　数は少なかった。(クアクア)
④*Hoodia* sp. (ホーディア)
⑤*Aloe framesii*　花は終わりかけていた。(アロエ)

スプリングボックの様な野生動物が生息すると思われる場所は、ある程度のブッシュが茂り、比較的平坦な草原に近い場所である。近くには動物が上り下り可能な緩やかな丘を抱え、草原と言っても大方は水晶石や石灰岩の比較的小さな破片が多く、その隙間が多肉に与えられた生育場所である様だ。

①崖のＡ・ディコトマム
②走行中に偶然にもスプリングボックの姿が見えた（大きな木から右側）
③ユーフォルビア・ブラウンジーの赤味がかった見事な個体
④姿が日本とは異なる送電線の鉄塔＆パラボラアンテナ
⑤石のスキマに群生するアイゾアセアエ達

①大きな石英の岩の前にユーフォルビアが群生
②ディンテランタスの集団
③枯れ木の間に黄花が綺麗な現地の植物
④不明な現地の植物
⑤刺の在る枝に白い実を付けた現地の植物

少し先に行くと左に曲がる細い道が有り、鉄条網を張った扉が開いていたので、車で少し中に入ってみる。私有地には変わりないがどうやら放牧地、遠くにヤギの一行を連れた飼育人の姿が確認出来る。この一帯はアロエの自生地で、その周辺にはユーホルビアやアルギロデルマが顔を出している。砂と同じ色なので遠くからはほとんど目立たないものの、かなりの数が生息している様だ。所々に生えているブッシュに電柱の巣とは別の、小枝で出来ている玉子型の鳥の巣らしきものを発見したが、住人は外出中で留守の様だった。

この場所を離れ、幹線道路から枝分かれした未舗装の道に入る。この奥に点在するという多肉の生息地を夕方まで探索する為だ。この辺りは行けども行けども柵や鉄条網は無く、太古からの自然が残され、これが本来の原野に近いと思うと心が躍る。何か所かに車を停めて、道路の周囲を探索していると、遠くの斜面の手前に、何か動く動物らしき一団が確認出来る。何だろうと思ってビデオカメラの望遠レンズでのぞくと、鹿に似た十数頭の姿ではないか。かなり遠くなのにも関わらず、我々に気づき危険を感じたのだろうか、身動きをやめてじっとこちらを向いている。Kさんはスプリングボックではないかと言うが、白い顔に角を持ったスリムな姿は絵になる（この動物をチーム名に使っているのが、南アフリカのラグビーチーム「スプリングボックス」だ。RWC（ﾗｸﾞﾋﾞｰ･ﾜｰﾙﾄﾞ･ｶｯﾌﾟ）2023年のフランス大会で（2019年の日本大会に続き2連勝）見事優勝したので記憶に残っている方も多いと思う（ユニフォームに飛躍するスプリングボックの姿が刺繍されていた）。この辺りにはアボニア、コノフィツム、ディンテランタス、その他の多くが生息している。多肉以外に偶然にも極南の大地で活動する野生動物に遭遇出来、感激しつつ今日の宿泊地へ向かうのであった。

①野生のスプリングボック：危険を感じてか、じっとこちらを窺う。（ビデオカメラ30倍）
②Aloeの一種、蜘蛛の巣が見える。
③*Anacampseros filamentosa* アナカンプセロス
④*Lapidaria margrethae* ラピダリア
⑤*Avonia papyracea* アボニア

国道に戻り、しばらく走ると車窓から家々が見られる様になり、やがて街並みに入った。今日の宿泊地、ポファダーに到着したのだ。さあこれからが今回の旅の最初の難題をこなさなければならない試練の時が来た。難題とは宿泊先が確保できるか否かのホテル探しの事で、予約無しの成り行き任せで、外観を見てから決めようとの思いもあるからだ。何しろ行き当たりばったりの旅なのである。この町には３軒の宿がある事は解っているが、場所や連絡先までも未確認、市街地の道路を端から一本ずつ探し回る事にする。最初の角を左折する時、空き地のような場所にミニチュア・サファリパークと思しき動物達が並ぶ。栃木県の鬼怒川温泉に在る東武ワールドスクエアーの「アニマル版」か？どちらが元祖かはいざ知らず、縮尺が均一の 1/25 の日本と同じとはいかないまでも、多くの種類の動物達が思い思いの恰好で並んで出迎えているのが何とも愛らしい。

①*Dinterunthus pubescens* ディンテランタス
②*Anacampseros* アナカンプセロス
③*Avonia budericana* アボニア
④無処理の鉄製のミニチュア・アニマル集団
⑤*Euphorbia gariepina* ユーフォルビア
⑥スプリングボックの集団はこの様な、なだらかな丘や原野を回遊している

驚く事に全てが無処理の金物（鉄板など）で造られている、日本では絶対に発想されない事だし、まして日本で１年も屋外に放置しておけば錆びてボロボロになるだろう。ここでは表面処理も何もしていない鉄が健在なのだ。雨が少なく、空気が乾燥しきっている事を証明する為に、わざわざ屋外に置いているかの様だ。車を降りてしばらく見とれていたが、K さんがお土産に掌に乗る位の大きさの猪？を１体購入。作者は体の大きな恰幅の良い真っ黒な肌の持ち主だった、手先が器用だとはお世辞にも思えないが、手の込んだ細かな作品を見るにつけただただ驚くばかりだ。詮索はともかく先を急ぎホテル探しに戻ろう。この辺りの周囲の空き地にも様々な多肉達が思いおもいの場所で生きいきと暮らしているのがうかがえる。

①野獣の大国に並ぶアフリカの動物達
②極め付きの黒色の顔に赤い目が印象的な金物動物の作者
③*Hereroa pallens* ヘレロア
④夜行性のミミズクやフクロウも生息しているらしい
⑤*Aloidendron dichotomum* seedling大木に成長出来ると良いが アロエ・ディコトマ
⑥*Dinterunthus Wilmotianus*がこの辺りには多い ディンテランタス

道路の左右の家にはA・ディコトマムやA・ピランシー、その他多肉と名が付く品々が栽培？いや、生活の一部として庭を彩る様は流石の自生地、言葉では表現のしようがない。ようやく何本目かの道沿いに POFADER HOTEL の文字を発見。一目見てなかなか良さそうな佇まいなので、受付で交渉を開始し「空き室有り」の返事が来た、助かる。敷地内に入り車を降りて最初に気付いたのは、10m×20m 位のプールが設置されている事だ、真夏にはさぞかし多くの人が楽しむのだろう。水は今日交換したかと思える程透明で、日本の冬のプールが藻などで緑色になるのとは違って奇異に感じる。外壁に囲われたこのポファダーホテル、駐車場の入り口は暗証番号をプッシュ式ボタンで入力すると門扉が開き入庫可能となりセキュリティーは万全の様だ。本館の他にコテージ風の建物も在ったが全て平屋で、メイン棟のツインルームに落ち着く。堅強な囲いと言い、セキュリティーの高さと言い、こんな片田舎（失礼）でもその昔には反アパルトヘイト運動が激化したのだろうか。南アフリカ共和国では、デクラーク氏からマンデラ氏へと、政権交代劇を経て現在が有る訳で、当のご両人がその功績を称えられ、後にノーベル平和賞を受賞した事は、遠い国に住む小生にも記憶として残る。

①ホテルの裏庭の鳥の巣、出入り口は下、卵は何処に産むのか？
②住居の敷地に必ず植えてあるアロイデンドロン・ディコトマムの大木、剪定して丸いのか？
③革ジャンがお似合いの現地人の顧客、ポファダーホテルのロビーにて
④ホテルの庭に置かれたピューマの実物大の置物
⑤ホテルのプール

この辺りの地質も多肉の生育には適しているのだろうか、道端にはアロエやメセン、ディンテランタスの類やユーホルビアと思しきブッシュ状の個体が見受けられた。家々の門前や庭先には、アフリカの大地には無いサボテンやアガベ等も植栽されており、この町にも探せば園芸店が有るのかも知れない。人々の生活が植物によって癒されるのは国や人種を越えた共通の事である様だ。しかし流石アフリカ大陸、散水が必要な植物は当然だが見る事は叶わない。だがブーゲンビレアの木は根が地下深く張るのだろうか、地植えされた多くの個体が家々を飾っているのが印象的だった。

①ブーゲンビレアの赤花が咲く家の敷地
②アロイデンドロン・ディコトマム等のアロエが植えられた玄関
③何処までも続く全面アロエの丘
④夕陽に染まるアイゾアセア 2 種とその花
⑤ウインドボックと言う名の美味しいビール
⑥このホテルにもブーゲンビレアの赤花が咲く

①黄花の木
②ディンテランタス・パベンシス
③ラピダリア・マグレタエ（左）ユーフォルビア・スピナエ（右）
④ヤシの木は人気なのか多くの家々にも植えられている
⑤アロエとユーホルビアが混生する丘
⑥ 放牧農家の揚水用風車（右）と羊たち（左）

*Aizoaseae*の一種の巨大株、日の当たらない株の中から茎を伸ばした *Cheilidopsis* sp.

# Pofader ——→ Port Noloth
390Km

## ポファダー→スプリングボック→ポートノロス（泊）

この地方の主な生息種／Euphorbia, Anacampseros, Conophytum, Haworthia, Massonia, Pelargonium, Hoodia, Drosanthemum, Cheiridopsis, Lapidaria, Quaqua, Eriospermum, Adromischus, Othonna, Monsonia, Conicosia, Crassula, Bulbine, Huernia, Aloidendron dichotomum, Aloe melanacantha & many other Plants, Cape Bulbs

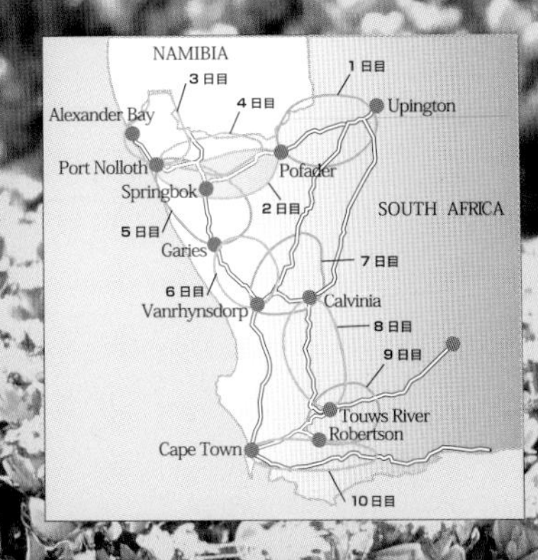

今日からは、知る人ぞ知ると言われる多肉の原産地の村を皮切りに、いよいよ大望の本格的な原野探索の始まりだ。このあたりのルート沿いは、行く先々にアロエの姿が車の窓からも確認出来る。多分その葉の下あたりにはコノフィツムやケープバルブ類も多く有るはずだが、いかんせん鉄条網のガードが固く、足を中に踏み入れる事は叶わない。国道14号線沿いの橋のたもとに広い場所が有り、自生地に車を停めて探索。ここは水晶石が多い場所で、アロエ、ユーホルビア、アロギロデルマ、その他の多くが水晶石を押し退ける様に隙間に生息している。国道は直線なので車は100 ㎞以上のスピードで走り抜け、立っているだけでも風圧は半端ではない。直射日光とその風が多肉達にとって最高の恵なのだろうか、イキイキ＆ノビノビ成長している。この先もしばらくの間は平原だが、やがて巨岩やA・ディコトマムが見えるようになってくる、その先を右折し脇道を丘が見える方に向かう。多肉の自生地と言うこの奥にある秘境の村へは、突き当りになっている所まで1時間以上走る様だ。2車線は確保出来る広さの道路だが、未舗装の悪路で乗り心地は極端に悪い。小高い丘が次々に現れ、なだらかな表面の岩山が有るかと思えば、緑のブッシュで覆われた山も有る、今迄の平らな平原とは打って変わった風景だ。写真を撮る為に、いちいち停車するのも時間のムダ、悪路を走りながらの撮影は愛用のソニーα７Ⅱ、５軸手ぶれ補正機能内蔵でもかなり厳しい。横は時々窓を開け、前方はフロントガラスの汚れを避ける為マニュアルでピントを合わせての風景撮影は、これ以降も旅が終了する迄ずっと続けた。後で確認すると、遠方は若干のブレは生じるが何とか雰囲気だけは残せる画像だ、細かな部分は再現出来ないが我慢しよう。

①*Dinterunthus puberulus* ディンテランタス
②*Euphorbia* sp. ユーフォルビア
③*Hoodia*.sp.（左）、*Euphorbia spinae*（右）ホーディア＆ユーフォルビア

悪路を車で飛ばすとロクな事が起きない、タイヤの過熱によるゴムの軟化に加え、この地方特有の水晶石の破片が尖っているのだ。石器時代の原人が苦労して作った鏃（ﾔｼﾞﾘ）そのものが道路のあちこちにばら撒かれていると思えば話が早い。何故か車が減速、悪路のせいにしていたがやはり異常だ、停めてみると鏃がタイヤに突き刺さり、情けない程ペチャンコになったタイヤが路肩の石ころの上にかぶさる。Kさんのトランクには、油圧式ジャッキと車に付属のスクリュー式ジャッキの２種が搭載されていた。油圧式ジャッキは輸入している大型機械を設置する時に使うのをたまたま積んでいたらしい。停車した場所の路肩は車が走る度に道路の走行部分から自然と寄せ集まった分厚い砂利の上、この場所では鋳物製で底辺が広くしっかりした造りの油圧式ジャッキでなければ危険だ、念のため定石通りスペアタイヤを床下に置く。小生はソニーケミカル勤務時代に、設備設計を担当していた時期も有った。ソニーは先進かつ革新的なイノベーションで世界中のプロカメラマンに認められ、ミラーレスカメラのα7&9 シリーズが、今や老舗の一眼レフカメラを凌駕し、世界の業界をリードしている例。更には世界中の誰もが知るウオークマンが生活スタイルを一変させた様に、世の中に無いモノを創造し提供し続けている。世の中に無いモノを造る設備は当然世の中には存在しないモノもあり、昔も今も自分達で設計製作しなければならないのだ。極秘事項も多く、小生の頃は設備の設置まで自ら行っていた手前、油圧式ジャッキの取り扱いはお手の物であった。更にはスキー場近くの積雪の路上で、ノーマルタイヤからスパイクタイヤへの交換で腕を鳴らした経験も有り、タイヤ交換は朝飯前と言っても過言ではない。だがこの先も交換担当は自ら受け持つ事になってしまうとは（なんとパンクは一度では無かったのだ！）夢にも思わなかった。話がいささか脱線してしまったが、事前調査では多肉の自生地はまだまだ先で、スペアタイヤも無くなったので、先へ進むのは自殺行為と判断し引き返す。この後は未舗装の道路には停車せず、幹線道路まで速度を落とし何とか抜け出さねばならない。近くの町迄は U ターンして１４号線に出て、更に先迄走る必要があるが、そこまで行ってとりあえずパンクの修理をする事にする。最寄りの町と言っても未開の地アフリカ、ガソリンスタンドや車の整備が可能なのは 100 ㎞以上離れたスプリングボックが最短だ。１４号線に出て道端の広い場所で休憩がてら路肩を探索、ここも水晶石がころがる中にアボニアやコノフィツム等が自生する場所だ。堆積していた昔のままの姿であろうか、他の岩石に34挟まれ層を成すピンクの水晶石が幾つも確認出来た。

①*Dinterunthus puberulus* ディンテランタス
②*Drosanthemum* sp, ドロサンティマム
③層を成す赤い水晶石
④悪路は揺れも酷いが、水晶石のヤジリがタイヤに刺さった

①原野の中を果てしなく続く4号線
②ディンテランタスが水晶石の大きさに倣って擬態の様に生きている
③ディンテランタスは種を飛ばし多くの苗が集団で育っている
⑤大きな農家にはアロエ・ディコトマムや輸入サボテン（左にウチワサボテンの大株）が植えられている
④テーブルマウンテン状の低い山が多い南アフリカの赤土の原野

①送電線の鉄塔に並んでアロイデンドロン・ディコトマムが沢山見えてきた
②岩山のA・ディコトマム
③この辺りの路肩にはケイリドプシスの見事な株が多い
④ホテルの宣伝看板ではスプリングボック迄あと16㎞
⑤A・ディコトマムの下はケイリドプシスの群落が見事（120㎞で走行中）
⑥街の家々にはA・ディコトマムがいたる所に植栽されている

１４号線を更に西に向かって行くと、路肩が道路と同じ位広くなっている砂地の場所が続く。ここの地質はアピントン近くと似ておりその時の経験から、あたかも多肉が自生していそうな雰囲気が伝わってくる。車を停め道路沿いの前後を歩いてみる事にする。車から出て見てびっくり、白やピンクの水晶石の小石が砂地表面の半分程度を覆い尽くしている。それらの小石を押し退ける様に、同色に近いアルギロデルマ、ユーホルビア、コノフィツムなど、まるで雑草の如くいたる所に生息している多肉達、現地人は振り向きもしないのだろうか。小１時間探し回ったが、自生地で見る個体は日本での普及品とは色や形に若干の差が有り、天然モノは当然だが、その色と言い姿と言い素晴らしくほれぼれする。特に変わった個体には遭遇出来なかったが、ここは歴（ﾚｯｷ）とした道端の原産地、多くの車が知らん顔で通り過ぎていくのが異国人には不思議な位だ。

①*Euphorbia gariepina* ユーフォルビア
②*Anacanpseros albidiflora* アナカプセロス
③この先も岩石の隆起地帯を通過する
④*Dinterunthus puberulus* ディンテランタス
⑤*Lapidaria margarethae* ラピダリア

さあ目的の町へ向かおう、幸いその後タイヤには何事も起こらずスプリングボックに無事に辿り着く事が出来た。町の中をぐるぐる回り、表通りにタイヤ専門店を見つけ修理を依頼。水晶石の鏃を引き抜き、接着剤をたっぷり塗ったゴムの部品を、ホイールを外した内側からその穴に押し込む、昔ながらの修理方法が如何にもアフリカらしい。この町は結構大きく、西ケープでは主要都市の１つの様だ、銀行や官庁のみならず大型のスーパーからレストラン、ホテルまで一応何でも揃っており、日本車のディーラーも数社有った。もたもたして時間もロスしたが、スーパーでイチゴを買い求める、何処で栽培しているのだろうか、意外と甘くて旨かった。アロエの珍種が有ると思われる先程の自生地へは、別の日に余裕が有れば再度訪れる事にする。

①スプリングボックの街並みの出口付近（西側）
②2 回お世話になったタイヤ店
③スーパーマーケットには新鮮な多種の果物が並ぶ
④公園にはディコトマムの類が多く植えられていた

今日の宿泊地ポートノロス迄は、道沿いに点在するめぼしき自生地を探しながら進む事に。国道 14 号線から 4 号線を北に向かい、ステインボック迄行き、そこから向きを変え西海岸の漁港の町ポートノロス迄の行程だ。町を出てしばらく走ると、近くに小高い丘が見えてきたが、ここがスプリングボックから最も近い多肉の自生地の様だ。路肩に車を停め道無き丘の上へと移動しながら探索を開始。ここには道路沿いに地元の人々が使うのであろうか、幅 1mにも満たない獣道の様な小道も付けられている。出入りは自由で、目の前には個体名はともかくアロエが何本も花を咲かせている、丘の上の方には同じくA・ディコトマムらしき樹木状の姿が見え、岩場を飾る。

①蟻塚が多かった
②犬を散歩させる住民
③アイゾアセアと思われる老木・周囲はメセン類とケイリドプシスが多数

足元には多くの多肉の他、この旅では初めて見るケープバルブのエリオスペルマム・パラドクサムやアルブカの類が所々ではあるが顔を出しているのが興味をひく。近くには蟻塚や動物の住み家と思しき穴等、思わぬ発見も有ったが、今までの場所とは異なり、探索不足でもあるにもかかわらず多くの多肉達に出会えた。街にも近く身近であり“まさかここにこんなにも多くの種類が”という思わぬ場所だったので感激は大きかった。車に戻る途中に、近所に住むと思われる4人の男性が犬を10匹ほど連れて散歩、リードも付けないので襲われるのではないかと心配したが、犬達は原住民以外には興味が無いのか、こちらに振り向いても知らん顔だ、助かる。

① *Crassula*クラッスラ
② *Cotyledon*コチレドン細葉タイプ
③ *Aizoaceae*アイゾアセア
④ *Cheiridpsis*ケイリドプシス
⑤ *Cotyledon*コチレドン・オビキュラータ

①悪路を奥地へ向かう
② *Haemanthus* sp. ハエマンサス
③ *Senecio* sp.セネキオ
④ *Adromischus* sp.アドロミスクス
⑤ *Aizoaceae*アイゾアセアエ
⑥ *Bulbine edifolia* ブルビネ

①*Aloe meranacantha*アロエ・メラナカンサ
②*Pelargonium* sp.ペラルゴニウム（左）
*cheiridopsis* sp.ケイリドプシス（右）
③*Sochlechteranthas maximilianii*の群生株（下）と（上）はケイリドプシス他多数

（左頁）
①*Aloe melanacantha* アロエ・メラナカンサ
②*Ceraria namaquensis* ケラリア
③*Asteraceae* アイゾアセアエの一種
④*Eriosperumum paradoxa* エリオスペルマム
⑤*Cotyledon orbiculata narrow leaf* コチレドン
⑥*Lachenaria* sp. ラケナリア
（右頁）
①*Aloe melanacantha* アロエ・メラナカンサ
②*Adromischus alstonii* アドロミスクス
③ 左黄花：*Euphorbia hamata*, 中：*Euphorbia* sp, 右赤花：*Asteraceae* の一種
左：ユーフォルビア 中：ユーフォルビア 右：アイゾアセアエ
④ *Albuca foetida*
⑤ アイゾアセアエの一種
⑥ *Crassula namaquensis* クラッスラ

## 2日目 Pofader→Port Noloth

移動を開始してしばらく走ると、岩山の山岳地帯になり、何と石灰岩らしき岩の中にA・ディコトマムが何本も生息している。驚いた事には巨大な岩が落石対策も無く車道の真上に現れた、そこにも大きなA・ディコトマムが何本も並ぶ。落石の心配もつかの間、今度は牧草地らしき緑の平原を通過する。しかしここの土の色は恐ろしく赤茶色、関東ローム層（我々がお世話になっている赤玉土）より赤味を帯びている。その平原の中をのんびりと草を食む牛や羊らしき動物を見ながら車を飛ばす。

①*Aloidendron dichotomum*アロイデンドロン・デコトマムの若木や古木が無数に山一面を覆う
②赤玉土よりも赤い草原を連なって歩く山羊
③道路の真上に特大の岩が現れ周囲には*Aloidendron dichotomum*が生息
④牧場は場所により土の色が様々に変化していく

Kさんの事前調査によると、この辺りの砂地の中に平らな岩盤地帯があるはずだ、小道の先に有るちょっとした林が目印らしい。予想通り平原に林が現れ、右折して砂地の道を奥へと車を進めると、確かにそこは小高い岩稜地帯になっている。林の下に車を停め岩場を登り上に出て驚いた、分断されている個所が見つからない一枚岩が何処までも続く。北アルプスが好きな登山経験者なら知る人ぞ知る場所、上高地から歩く事11㎞、涸沢の入り口にもなっている横尾の先に、屏風岩と呼ばれる高さ300mの一枚岩の垂直岩壁が有り、クライマーの聖地にもなっているが、丁度それを横に寝かせた1㎞四方もろうと思える岩盤だ。その岩の細く浅い僅かな割れ目に砂が入り、そこに風で飛ばされたのであろうか、種が入り込んで発芽した多肉達の姿が幾つも有った。

①*Crassula namaquensis* クラッスラ・ナマクエンシス
②*Conophytum wettsteinii* コノフィツム
③一枚岩の平らな岩盤の割れ目で生きる*Othonna euphorbioides* オトンナ
④左：*Massonia* sp.　中：*Cheiridopsis* sp.　右（ピンぼけ）*Euphorvia* sp.又は*Trichocaulon* sp.
マッソニア、ケイリドプシス、ユーフォルビア又はチレコドン
⑤*Cheiridopsis* sp.　ケイドリプシス
⑥岩盤地帯の隣には肥沃な大地が続く

勿論、周囲の栄養豊かな砂地には、オキザリス、コノフィツム、マッソニア、ケープバルブの類がのびのび暮らしているのだ。運命とは解らないもので、吉に出るか、凶に出るか、我々も含め思い知らされる光景だ。京セラの創業者、稲盛和夫さん（2022・8・24没）は「今の日本人には、人間として生きていく最低限である“何クソッ！”精神が足りなくなっている。道端のアスファルトの割れ目に芽を出し、一生懸命生きようとしている植物もあるのに。」とおっしゃる。そんな言葉を思い出しながら、過酷な場所で生きようとする逞しい多肉達の事が脳裏に深く刻まれたのであった。

①黄花の*Oxalis purpurea*の背後に共生する*Bulbine sedifolia* オキザリス、ブルビネ
②花が見頃の*Aizoaseae*の一種と思われる個体
③養分豊富な岩盤隣の砂地で大玉に育った*Conophytum* sp. & *Mesem* コノフィツムとメセン
④岩盤の割れ目で生きる*Adromischus alstonii* アドロミスクス
⑤陽当たりの悪い割れ目の奥で頑張る*Conophytum wetlsteinii* & *Mesem* コノフィツムとメセン
⑥*Aizoaceae*の一種　アイゾアセエアエ
⑦*Othonna euphorbioides*　オトンナ

更に移動し場所を変える。この辺りから先は、はますます山岳地帯へと高度を上げると共に、道路もカーブが続くようになって来る。東日本で言えば、蔵王エコーライン・志賀草津道路・乗鞍高原道路あたりと思ってもらえば良いだろう。その高くて景色が抜群の場所に恰好の自生地は有ったのだ。見下ろすと隕石が落下して出来たのか、噴火口ではないらしい窪地が望める、直径 100mは有るだろうか。その窪地とは道路を隔てた反対側の丘が目的の場所だ。しかしこの自生地へ入るには、道路から 5m以上の高い石垣を登る事が必要なのだ。登り易い場所を探し、登山で慣らした技で何とか登りきり、自生地に立つ事が出来た。

①多肉の宝庫から眺める、直径100m以上の隕石によると思われる窪地が有る原野
②景色の良い高原地帯を多肉の宝庫と言われる自生地に向かい快適に走る
③花は*Othonna rosea* オトンナ
④*Mesem* の一種と思われる株の中から葉を出す*Haemanthus* sp.
メセンとハエマンサス

①広大な全山が中粒程度の岩石の地質に恵まれ、無数の品種が生息
② *Aizoaseae*の一種と*Chelidopcis* sp. アイゾアセアエ＆ケイリドプシス
③花：*Babiana* sp. 葉：*Pelargonium* sp. バビアナ＆ペラルゴニューム
④*Monsonia burumanii* モンソニア

①赤花が見事な*Oxalis hericoides* オキザリス
②*Cotyledon orbiculata* コチレドン
③花の色が抜けて白い*Schlechteranthus maximilianii* スケレケテランサス
④*Hyobanche glabrata* ホバンチェ

自生地には樹木やブッシュは見当たらず、全てが多肉やアフリカ特産の植物だけの群生地、多肉達は絶景を眺めながら生育を続けている。後にも先にもこんな場所は無く時間を忘れ楽しむのであった。遙か先へと続く丘の上の方にも登ってみたいとの思いは有るが、あまりにも広大で時間の制約もあり諦めざるを得ない。カリントウの様なこげ茶色をした枝のペラルゴニウムをはじめ、万物想、メセン他、数え上げたらきりが無いくらい多くの品種が丘全体を埋め尽くし、果ては多肉かどうかも不明な見た事も無い冬の花々も混じり素晴らしい。離れ難い場所だが、日暮れも近いので山を下りた。

①*Mesem* 類4種 メセン
②*Cheiridopsis* sp. ケイリドプシス
③白く長い*Euphorbia*, 下:*Crassula*, *Mesem* 類
ユーフォルビア、クラッスラ、メセン
④*Schlechteranthus maximiliani* スケレケランタス

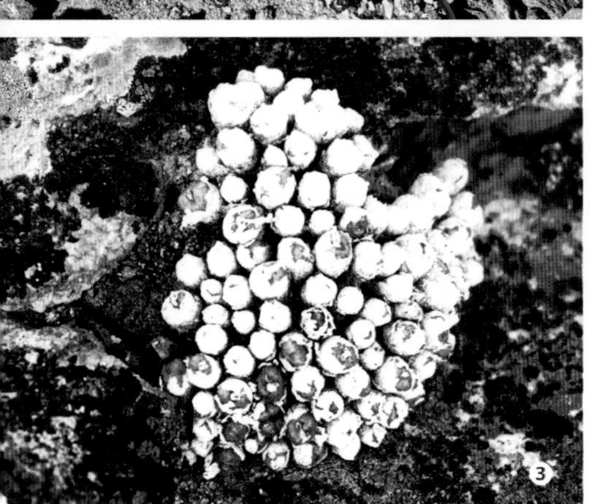

①*Pelargonium* sp.の大株 ペラルゴニューム
②*Aizoaceae* sp. 2種 アイゾアセアエ
③*Conophytum* sp. コノフィツム
④*Othonna euphorbioides* オトンナ

①*Avonia herreana* アボニア
②*Pelargonium ( fulgidum)*の花 ペラルゴニウム
③*Cheiridopsis* sp. ケイリドプシス
④*Aloe melanacantha* アロエ・メラナカンタ
⑤*Pelargonium* sp. & *Crassula*
左：ペラルゴニウム　右：クラッスラ

ポートノロス迄の道路は登って来た分下り坂が続くが、この先の下りはカーブが少ないので 120～ 140 ㎞で車を飛ばす。途中は例の赤茶色の小高い山や平原が続き、やがて山が見えなくなった頃、白い砂地の叢の先にダイヤモンド掘削のピラミッド状の丘が望める、もう直ぐ海岸も近いはずだ。直線道路の遙か向こうに建物らしき凹凸が見えてきた、ポートノロスの町に違いない。町の手前に２日間お世話になる宿があるはずだ、ここは海辺を楽しむ事が出来るちょっとしたリゾート地の様で、宿の予約はしなかったものの、Ｋさんも事前に調査済みだ。街の右手前に入口が見え、カントリーロッジの大きな文字の横を通り抜け宿に入る。ここには塀も何も無く、治安は良いのかも知れないがロッジなので食事は外食になる。恰幅の良い女将？に案内されたのはファミリー用の広い部屋、専用の屋内スペースの鍵を先ず開け、次に部屋の鍵も開けなければならない。８人がゆったり使えるダイニングテーブル、ソファーベット２台、それにＴＶ等が置かれた 40 畳位のリビングスペース。奥に広いベッドルーム。2m 以上の長さのバスタブが置かれた 16 畳位は有ろうと思われる充分な広さのトイレ・シャワー付きバスルーム。更に食器や調理道具の揃ったキッチン、部屋専用の中庭にはバーベキュースペースと道具も付くが、一部の食器以外はまず使わないであろう。

①景色の良い山並みハイウエーを下る
②赤玉土より深紅に近い土と叢の原野が続く
③やがて金鉱山の廃土を積み上げた山の傍は白い砂地になってくる、海辺が近づいたようだ
④*Euphorbia* sp. & 多肉に近い不明の植物や叢が続く直線道路では快適に車を飛ばす（ユーフォルビア）
⑤直線道路の先にポートノロスの街並みが見えてきた

①ユーフォルビアと共生するアイゾアセアの季節外れの花が目を引く
②ポートノロス海岸のレストラン（3 回の夕食をお世話になった）
③黄花が見事なアフリカ固有の不明な植物
④夕焼けの浜辺をネグラに帰る海鳥が急いで飛び去る

①隕石が落下した近くの丘にはユーホルビア・ペラルゴニウム・アイゾアセアが混生
②シュレヒテランツス・マキシミリアーニの群落が多い丘
（スプリングボックとポートノロスの中間にて）
③此処の丘の上部にはクラッスラ・メセン・コチレドン・モンソニア等が群生する

ロッジの周辺は舗装道路以外の場所はどこもかしこも砂地なのだ、住居の周囲には様々な多肉が植え込まれており、見栄えがする姿のものや花の奇麗な品種が好まれるのは万国共通なのであろう。しかし、自生品種は当然ではあるが自然のままの姿であり、しかも風によって運ばれた砂を被り、散水される事も無く、雨が降らなければ表面の汚れも洗い流されず、薄汚い姿が気の毒としか言い様がない位であった。食事は海岸のレストランまで移動、飲酒をしないKさんなので車で出掛ける。海岸までは2～3分で到着、このレストランに酒類は置いていないとの事で、隣のホテルが経営するリカーショップにわざわざ買いに行き持ち込むのだ。食事を注文してから買いに行く、ビールとワインを選んだ。前夜もそうだったが、ビールもワインも結構旨く、特に南アのワインは飲み易く当たり外れは少ない様だ。アフリカ大陸の西の端、穏やかな大西洋の海原に沈む真っ赤な夕日が印象的だった。

①*Aloe maculata*（この辺りの原産ではない）ロッジの花壇で アロエ
②ロッジの入り口近くの家や路肩には自生種や栽培種が多く見られた
③*Aeonium canariensis* その名の通りスペインのカナリー島原産（アエオニウム）
④*Crassula*'火祭り' クラッスラ
⑤ロッジの中庭の石積に植え込まれた多肉達
⑥南アフリカの最西端のポートノロスから見る、大西洋に沈む素晴らしい夕陽

# Port Noloth ←360 km→ Alexander Bay

## ポートノロス　アレキサンダーベイ

**国立公園（ポートノロスまでほぼ周回する行程の予定）→ポートノロス（泊）**

この地方の主な生息種／ Euphorbia, Conophytum, Perargonium, Adromischus, Othonna, Monsonia, Crassula, Huernia, Aloidendron dichotomum, Aloe gariepensis, Dracophilus, Laryleachii, Aloidendron pillansii, Antimima, Fenestralia, Meyerophytum, Tridentea, Rhadamanthus,

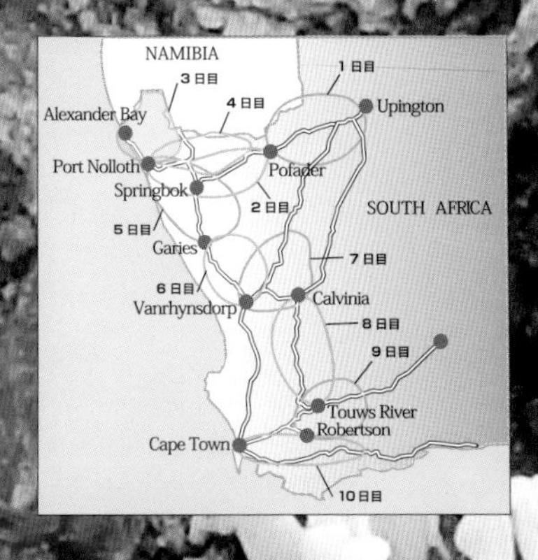


ポートノロスとアレキサンダーベイの中間の丘に
生息する、*Crassula columnaris* クラッスラ・コルムナリス

今日は海岸沿いに、南ア西部の大西洋に面する最北端、ナミビア国境まで北上。国境をオレンジ川に沿って東の山中へと向かい、パキポディウムやA・ピランシー等の自生地、5～6か所に寄る予定だ。出発後の最初のルーティーンはガソリンンを満タンにする事。これを怠りガス欠に成ろうものなら先が無い、大まかな走行距離を頭に入れ満タンで走れるのが行動範囲だ、しかも悪路はガスも食うので考慮が必要になる。早速、海岸線のほぼ直線道路をひたすら北に快走、左の鉄条網の中は海岸線迄ダイヤモンドの採取場との事で、無断で入り込むと監視から銃弾が飛ぶとの噂すらあるそうだ。この辺りは風が強いとみえ、アスファルトの道路は若干の砂で覆われている、雨が降らないので流される事も無いのだろう、対向車に注意し急ブレーキは禁物だ。アレキサンダーベイの町を右折し砂地の平原を東へ進む。やがて若干起伏のある場所に出ると左側にオレンジ川が見えて来る。対岸の一段と高い場所は隣国のナミビア、国境を流れるこの川は水量も適度に有るようだ。この先、川は大きく蛇行して上流は左方向に移るのとは逆に、埃っぽい道路は右方向の山中へと入っていく。平らな場所には放牧された牛達も見えるが、草らしいモノは確認出来ず、多肉の類を掘り起こして餌にしているのだろうか。

①*Aizoaceae*の一種 アイゾアセアエ
②*Euphorbia ramiglans* ユーフォルビア
③オレンジ川、左の対岸は隣国ナミビア、この辺りの個体はどれも砂にまみれている
④*Antimima* sp. アンチミマ
⑤*Aizoaceae*の一種 アイゾアセアエ
⑥これも*Aizoaseae*の一種 アイゾアセアエ
⑦*Psilocaulon dinteri* プシロカウロン（左）とアイゾアセアエ（右）

殆ど車に出会わない曇天の悪路の先、右手の丘の上にこの辺りでは初めてA・ディコトマムらしき姿が見えている。昨日までは道路の左右に沢山のA・ディコトマムを見てきたが、今回は山中でもあり、鉄条網も無いので車を停め登ってみる事にする。細かな石と砂が足元を覆い、ケイリドプシスやコノフィツムといった類が所々に顔を出す、この場所からは遠くに石灰岩と思われる白く輝く場所も見える、あの辺りはメセンやハオルチアの群落だろうか。一抱えもある太いA・ディコトマム、剥がれそうな木肌に初めて触れてみて、そのザラザラした感触は忘れ難い。枝の間に鳥の巣が有り、樹上の住人にはお目にかかれなかったが、眺めの良い山で鳥達は何を見、食べて生活しているのだろうか。砂と岩の山を下り、車を更に奥地へと進める事にする。遠くに一際高い山並みが見え、その辺りを右に折れ南下すれば予定のポートのロスの東に出るはずだ。先を急いでいるこの時、車に異変が起きたのだ。80 ㎞近くの速度が急減速、止めてみると左後ろのタイヤが何とまたもパンクしているではないか。今回は砂利の混じった砂地だが、ジャッキを設置する場所の砂と砂利を手で除くとその下は砂地だが意外と硬い。砂地も数センチ下は固く締まっており、指先で掘り起こそうにも硬くて不可能な位だ。この分だとスクリュー式のジャッキでも大丈夫とみた、幸いジャッキの底は大して沈み込む事も無く、無事交換を終了した。肝心の植物探索のクライマックスはこの先なのだろうが、この先は更にダートな岩石混じりの山中なのかも知れないので戻る事にする。

①山中に望める石灰岩の丘、多肉植物の宝庫か？
②*Euphorbia* sp. ユーフォルビア（石の左右とも）
③外観は異なるも*Euphorbia* sp. ユーフォルビア
④*Aloidendron dichotomum* この辺りにはたったの1本 アロイデンドロン・ディコトマム
⑤*Aizoaceae* の一種 アイゾアセアエ
⑥*Pelargonium carnosum* ペラルゴニューム

①砂地の山間にA・ディコトマムが数本、下はその実生苗やユーホルビアが群生
②走行中に山間に牧場を発見、牧草などは無く、多肉やケープバルブの球根でも食べるのか

①赤茶の砂の原野（キラキラ輝く水晶石の細かな破片は神秘的）
②砂漠に面した丘は、ユーフォルビアやアイゾアセアエの群落となっている
③山間に育ったA・ピランシー
④砂埃を巻き上げ、山道を 80 ㎞で飛ばす
⑤2 度目のパンク、砂地だが 10cm 下は砂が固く（湿気を若干含む）
ジャッキも沈まなかった

来た道はアレキサンダーベイ迄未舗装だが、殆どが砂利交じりの砂地だったので、タイヤが何とか持ってくれる事を祈りスピードも控えめに走るしかない。先程登ったA・ディコトマムの山を通り過ぎ、放牧地と反対側に現れた右手の小道に進路を変える。ボンネットの先には周囲の灰色とは異なる、赤茶色をした砂漠の様な原野が望め、右手は高い丘になっている、車から降り眺望に期待して10分程かけて急な崖を登ってみる。驚く事にそこにはA・ピランシーの大木が、丘全体の遥か遠方まで、見渡す限りに生息しているではないか。今迄の道のりでは、A・ディコトマムは多くの場所で確認できた。しかし聞くところによると、A・ピランシーの群落は珍しいとの事で、この絶景はメインイベントと言っても良いのではなかろうか。遠くの山の麓迄、眼下に広がる赤茶色の砂地は広大で、これも今回の旅で一、二を争う眺めの良い場所でもあった。真冬の高原に狂い咲きなのか、たった一輪だけ開花させている真っ赤なメセンの花が印象的だ。A・ディコトマムかA・ピランシーらしき苗も点在し、数10年〜数100年先はどんな状況に変化しているのだろうか。大木に成長し、未来の人達の観光ルートになっているのかも知れない。

アレキサンダーベイに戻る途中に平らな砂地が有り、道路との間にガードも無い原野なので探索してみる。ここは岩石と砂地が混在する場所でユーホルビア、メセン類やその他があちこちに点在する多肉の宝庫である。移動する途中、急に道路を横切ったモノが、とっさにカメラを向けガラス越しにシャッターを切る、ピンボケに撮れたのは何とダチョウの一団。衝突しなかったのが幸いした、何しろ周囲の植物ばかり気にしての運転、危険極まりない一瞬だった。

(左頁)
①*Pelarugonium carnosum* ペラルゴニウム
②*Aloidendron ramossisimum* アロエの一種
③丘の上の*Aloe pillansii*を望遠で
④*Euphorbia ephedroides* ユーフォルビア
⑤*Aizoaceae* の一種、たった1輪の赤花が目を引く
⑥*Aloidendron pillansii*の実生苗が所々に育つ、貴重な苗
アロイデンドロン・ピランシー

(右頁)
①野生のダチョウが突然横切る(窓ガラス越しのピンボケ)
②*Ruschianthemum* sp. ルスキアンサマム
③*Chelidopcis* sp. ケイリドプシス
④*Cheiridopsis glomerata* ケイリドプシス

①コチレドン
②ユーフォルビアアの群生
③コチレドン
④ケイリドプシス、クラッスラ、アイゾアセアの群落
⑤石英の丘に群生するケイリドプシス、、クラッスラ、ユーフォルビア、メセン類
⑥アロエの花

①鳥の巣があるアロイデンドロン・ディコトマム
②山中の自生地を目指し、砂埃で霞む原野を突っ走る
③車に出会うのは１時間に数台以下アクシデントの時は
お互い様、助け合いの精神で

①*Aizoaceae*の一種 アイゾアセアエ
②*Larryleachia cactiformis* ラリレアキア
③*Monsonia pattersonii*季節外れの赤花が見事 モンソニア
④この場所から遠くを眺めると、赤茶色の砂地が*Euphorbia* sp.の頭越しに遥か山の麓まで続く
⑤*Cheiridopsis* sp. ケイリドプシス雨が降らず半分死にかけている。ケイリドプシス
⑥*Pelargonium carnosum* ペラルゴニューム

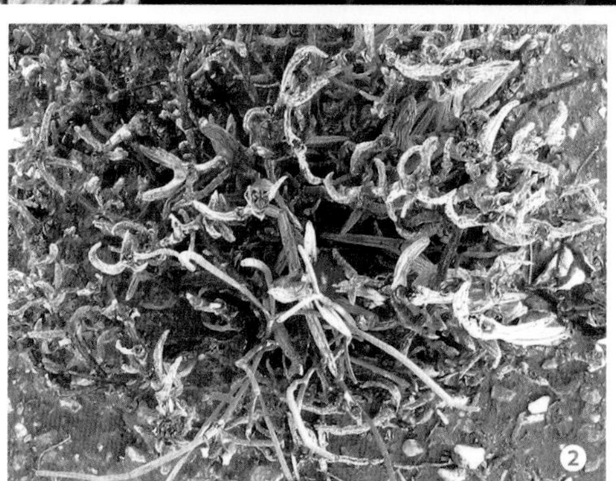

①*Aizoaseae*の一種、後ろには、*Ruschianthemam gigas*の姿も アイゾアセアエとルスキアンサマム
②*Cephalophyllum alstonii*この花も見事 ケパロフィルム
③*Crassula congesta* クラッスラ
④*Monsonia herrei* モンソニア

そろそろアレキサンダーベイだが港には用事が無いので、町の手前の砂の平原を覗いて見る事にして停車。貝殻も混じる砂地のここには、枝先に咲く花の木や、黄色の花だけを砂の上に出して咲かせているが肝心の個体が見えないモノを発見。息を吹きかけ覆いかぶさっている砂を吹き飛ばすと、現れたのはフェネストラリアの様だ。撮影後は砂をかけておいたが、原産地では、顔を外に出さず、砂の隙間から差し込む僅かな光を窓から採り込んで生息しているのだ。姿を露出させ、見て楽しみ、喜んでいるのは我々趣味家位のものか？この生育環境を知り栽培に生かす事が育成するのにも大切だ。

①*Psilocaulon* sp. パイロカウロン
②*Cheiridopsis* sp. ケイリドプシス
③手前の*Aizoaceae*の一種と共生する*Tylecodon paniculatus* 左 アイゾアセアエとチレコドン

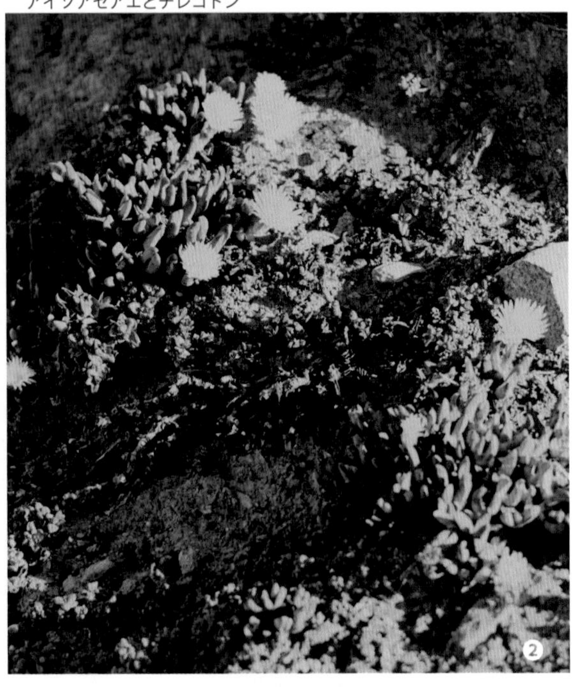

①*Fenestralia aurantiacus*　砂を吹き飛ばすと本体が現れる フェネストラリア
②砂を吹き飛ばす前の*Fenestralia aurantiacus*､原産地本来の姿 フェネストラリア
③*Antimima pygmaea* アンチミマ
④*Aizoaseae*の一種 アイゾアセアエ

①*Pelargonium fulgidum* ペラルゴニューム
②*Cotyledon orbiculata* コチレドン
③*Conophtum* sp. コノフィツム
④*Crassula brevifolia* ssp. psammophila クラッスラ
⑤*Senecio* sp. セネキオ
⑥どちらも白花の、*Crassula* sp. クラッスラ２種

更に先に移動し、ポートノロスに戻るダイヤモンド鉱山近く、その山側の小高い丘を確認してみる。海から吹き上げられる砂と岩が混在する環境の場所に、様々な多肉が生息しており素晴らしい。

ペラルゴニューウム、メセン類、アドロ類、サルコカウロン等多くが混在し見飽きる事がない。時間を忘れて探索したが、夕暮れ近くになると風も出はじめ寒さも増してきたので宿に向かう。レストランとガソリンスタンドが宿の手前なのでパンクの修理と食事を先に済ませる事にする。昨日は肉料理だった、今日は海鮮としようか、思いだけが先走る。

①活動し始めた*Antimima* sp. アンチミマ
②休眠中の*Antimima* sp. アンチミマ
③*Crassula deceptor* "Corunuta" クラッスラ
④*Cheiridopsis* sp. ケイリドプシス
⑤*Crassula brevifolia* クラッスラ

①砂漠の様な原野は強風で砂埃が舞い霞む、刺の有る現地の低木が続く
②ユーフォルビア・アイゾアセアエ・ケイリドプシス・ペラルゴニウム等が群生
③崖上の丘にはユーフォルビアやアイゾアセアエが多数生息

①リヒタースフェルトと言われるピランシーの自生地は赤茶の丘と砂漠が続く
②いくらケイリドプシスと言えども干ばつは命を左右する
③寒さの冬に狂い咲き
④乾燥と日照りが見事な赤を生み出す
⑤アイゾアセアの一種がたっぷり陽を受け幻想的な色は芸術品そのもの

# Port Noloth ←250 km→ Port Noloth

ポートノロス　　ポートノロス（泊）

この地方の主な生育種／ Euphorbia, Anacampseros, Conophytum, Haworthia, Massonia, Perargonium, Hoodia, Drosanthemum, Cheiridopsis, Lapidaria, Quaqua, Eriospermum, Adromischus, Othonna, Sarcocaulon, Conicosia, Crassula, Bulbine, Huernia, Aloidendron dichotimum, Aloe melanacantha & many other plants
Aloidendron pillanssii, Aloidendron ramossimum

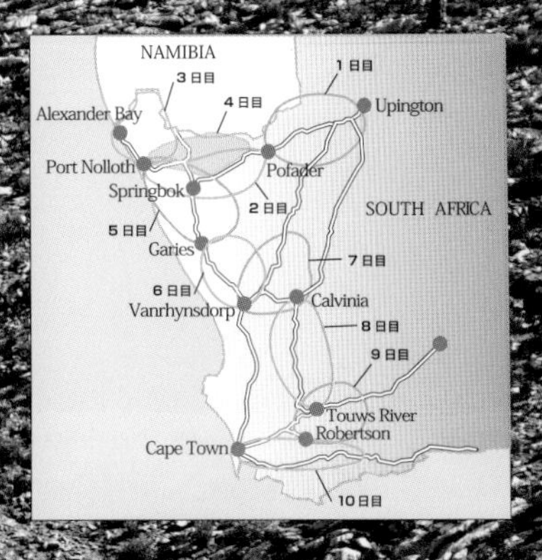


*Aloidendron ramossimum*（左）、*Aloidendron pillansii*（丘の上全体を飾る）

早起きし、朝食抜きで早朝の自生地の様子を見てから次の宿泊地まで335 ㎞、脇道を含めると更にプラスアルファの行程だ。給油後、先ずはステインコップ手前の自生地に向かう。朝霧が低く立ち込める、ヒンヤリした空気と霧とが乾燥地帯に住み着いた植物にとっての命綱であると言っても良いだろう。大自然の中で夜明けを迎えた植物達、それぞれの個体の表面は結露状態になって水滴が付着している。ある雫は根元へ、別の水玉は表面から直接体内へ取り込まれていく。ここに恵みの雨に頼る事無く、水分補給のカラクリの一つが解き明かされる訳だ。

①朝には玉の様な水滴に恵まれる*Cheiridopsis* sp. ケイリドプシス
②夜明けには朝霧が地上近くに発生、植物は結露で水分補給をする
③*Psilocaulon* sp. プシロカウロン
④*Crassula brevifolia* クラッスラ
⑤*Cheiridopsis* sp. ケイリドプシス
⑥*Astridia lowgifolia* アストリディア

今朝は大分冷え込んだ、多分日の出前は霜となって肌の表面を真っ白に覆い尽くしていたのではなかろうか。我々には過酷と思われるこの環境こそが、多肉達にとっては生き甲斐であり成長の糧となっているのだろう。この場所も開放的な原野だ、ドアの下には群生するケイリドプシスが、朝日を浴びてキラキラ輝く真珠のような水滴をたっぷり付けて出迎えてくれている。足の置き場に注意しながら歩みを進めないと、植物を痛めてしまうのではと思うと気が抜けない、それ位多くの個体が所狭しとばかりに並ぶ。谷や山並みを望む広大な原野で生育する多肉達、1時間以上探索していたにも関わらず、車は1台も通らなかった。それどころか、耳を澄ませど物音ひとつ聞こえない別天地である。頭をかじられた跡があるコノフィツムを見かけた、動物の糞や足跡も有る。こんなのどかな楽園でも、時々は植物に何らかの影響を及ぼす事が起きるのだろうか、時には害であり、ある時は栄養になり、渇きを癒す水分補給でもあり、様々なのかも知れない。

①*Cheiridopsis* sp. *Euphorbia* sp. *Mesem*他多種多様（ケイリドプシス、ユーフォルビア、メセン）
②*Ebracteoia wilmaniae* エブラクテオイア
③ケープバルブの一種
④車も人も来ない原野は静寂を保つ

早起きしたのは早朝の様子を見ておきたいとの思いと、あのアロエの珍種を探しに再度突き当りの村へ行く為でもあったのだ。ステインコップ、スプリングボックを経由し、まだ見ぬアロエに出会ってから、ガリエスへ向かう事に決めていた。突然のアクシデント、今度は悪路ではなく、120 ㎞で走行中の舗装道路で発生したのだ。またしても左後のタイヤがパンクしたのだが、ハンドルを取られなくて済んだのが幸いだった、とりあえず路肩でタイヤの交換をする事にする。舗装道路ではあるが、路肩にはここでも小石が集まっており、道路の中央での交換は危険なので、両手で持たなければならない重い油圧式ジャッキを使い交換した。さあどうしよう！こんなにパンク続きでは多肉の探索どころではない。こうなったら全輪新品タイヤに交換し、程度の良いタイヤをスペアーに残すのが最善との判断に至るのだった。タイヤ交換後、一服していて気付いたのだが、この道路脇の足元には、ケイリドプシスの大株が植栽されたかの様に生息している、交換作業に疲れた体とは逆に、行き交う車の風を受け、元気そのものと言った感じだ。周囲の岩山にはA・ディコトマムが数多く生息、これまた素晴らしい景観を醸し出しており、驚きのあまりKさんと顔を見合わせるものの、言葉すら出なかったのである。見とれていても時間ばかりが過ぎるだけだ、スプリングボック迄 20 ㎞を走り、先日寄ったタイヤ店に直行する。

①*Aloe ramossisima*今にも崩れそうな巨岩の隙間に生息（アロエ）
②*Cheiridopsis* sp.日本ではハルジオン（貧乏草）、何処にでも生息してい
（ケイリドプシス
③*Aloidendron dichotomum* の古木か
④*Aloidendron*と思われる品種が岩の隙間に生息 アロイデンドロン
⑤ケイリドプシスの群生株が幹線道路の路肩を覆い車の風を受け生き生きしていた

タイヤ店では車に合ったタイヤの在庫は有るものの、順番待ちでかれこれ２時間は必要らしい、仕方ないが待つ事に。さて、問題はこの後をどうするかだ。もうガリエス迄行くにはどこにも寄らずに直行するしかない、しかしその選択肢は自生地探索の目的に反する事にもなり、絶対に有ってはならない事だ。ならば、予定を１日遅らせ、予備日として設けたどうでも良いケープタウンのテーブルマウンテンと市内見学を中止すれば良いだけだ。そうと決まれば話は早い、これから幻のアロエ探しに出かけ、今日は泊り慣れたポートノロスにもう１泊するのが手っ取り早い。行き当りばったりの旅、意外と融通が利き便利なものだ、途中のホテルは予約無しなので、この後の変更など面倒な手続きは一切無用だ。ようやくタイヤ交換が完了した、アロエ探しに出かけるとしよう。

①アロイデンドロン・ディコトマムの白い木肌が美しい
②スプリングボック近くの丘で*Cheiridopsis* sp.ケイリドプシスの見事な個体
③主要都市なのか交通量は多い
④止む無く全タイヤを新品に交換
⑤周囲を山々に囲まれた盆地の様な町スプリングボックは人も集まる様だ

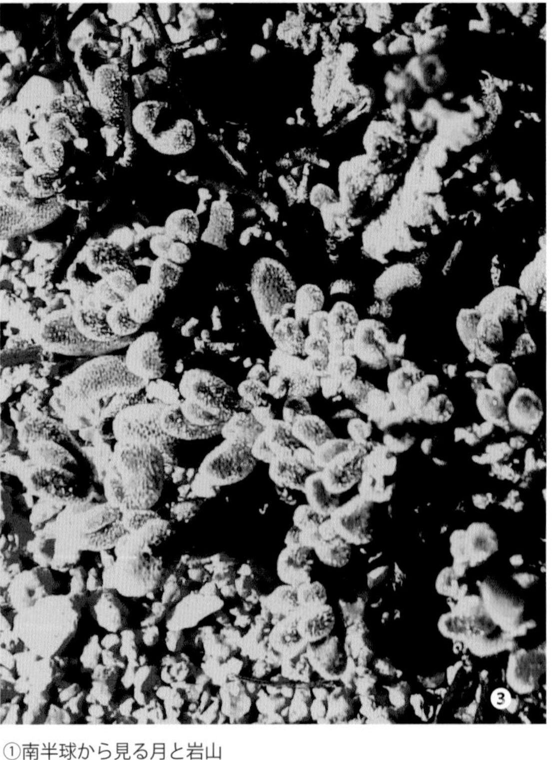

①南半球から見る月と岩山
②アイゾアセアエの一種の大株
③肌の表面が光輝くアイゾアセアエの珍種

①ボンボリの様な黄花が綺麗な低木
②アバタ模様が面白いケイリドプシスの一種
③スケレクテランタスの大株
④紫花が綺麗なアイゾアセアエの一種

アピントン方面に進み、途中から目的地に車を向ける。新品タイヤは頼もしい、乗り心地が良いばかりでなく、余計な心配も不要なのだ。忘れもしない１回目のパンク発生の地点を通り過ぎ、目的の辺鄙な山奥の村に到着、足元には無数の多肉達が待っている場所だ、直ちに山中に分け入る。とは言ってもブッシュが有るでも無く、多くの多肉達を踏まない様に足元に注意する事がここでは「分け入る」の意味なのだ、日本語の使い方は難しい。

①*Cotyledon orbiculata* コチレドン
②ユーフォルビアの大株
③*Crassula decepta* クラッスラ
④平たい岩盤が崖や斜面に露出、その隙間にユーフォルビア、メセン、クラッスラ等多種が生息
⑤*Mesem*の一種がこの地方には多い（メセン）
⑥左：*Crassula* sp.、 *Cheiridopsis* sp.右：*Cheiridopsis* sp.
クラッスラ、ケイリドプシス

日当たりの良い丘の上から日陰の谷迄、くまなく探したつもりだがそれらしき個体は発見出来なかった。しかし、ここは秘境と言われるだけあって、見た事もない個体から見慣れた品種まで、数えきれない程の多肉達が、思い思いの場所で仲間同士寄り添い、楽しみながら生育しているかの様に見えるのだった。もう日も低くなってきたので引き上げる事にする。目的は未達成ではあったが、探し回った事自体が楽しみでもあり、自生地の様子を確認出来ただけでも収穫有りとしたい。

①*Avonia papyracea* アボニア
②*Euphorbia* sp. ユーフォルビア
③*Crassula* sp. クラッスラ
④*Adromischus* sp. アドロミスクス
⑤*Aizoaceae* の一種が岩の隙間を好んで生息（アイゾアセアエ）
⑥*Crassulaceae & Aizoaceae* クラッスラ＆アイゾアセアエ

①強風で傷だらけで頑張るケイリドプシス他が夕陽に映る
②花を付けたアドロミスクス
③和菓子の大福の如く、粉を纏ったクラッスラは芸術品

①ケイリドプシスの群生
② 斑点が見事なクラッスラ
③ クラッスラの群生
④岩の斜面に咲くオキザリス

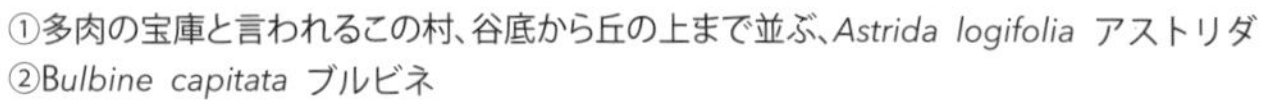

①多肉の宝庫と言われるこの村、谷底から丘の上まで並ぶ、*Astrida logifolia* アストリダ
②Bulbine *capitata* ブルビネ
③*Aizoaceae*各種他ssp. アイゾアセアエ
④僅かな隙間も見逃さず芽を出す*Adromischus* sp. アドロミスクス
⑤白い顔に緑の天然パーマ、*Aizoaseae*の一種 アイゾアセアエ

「つるべ落とし」という言葉はアフリカにもあるのだろうか、見る見るうちに車の影が長くなり、大きな太陽は地平線に沈んでいった。ポートノロスの宿に着く頃には、海岸線の彼方は明るいものの、周囲はすっかり夜のとばりが降りていた。宿の女将？に“アクシデントが発生、もう１泊したい”と伝えると、ニコニコした顔で大歓迎の様子、今日は我々以外の泊り客はいない様だ。鍵を受け取り、部屋には入らず、先ずは食事を済ませる事にする。食後宿に戻り、今までは下ばかり見る癖がついていたが、空を見上げると雲も無く、光り輝く満天の星空なのだ。天体に詳しくはないが、何となく違和感を覚える南半球の星々、オリオンは何処なのだろうか。今まで星の写真を撮った事が無いので、カメラの設定をどうすれば良いか解らないまま、レンズを無限遠にしシャッターを８秒に設定。空に向け車の屋根にカメラを置き向きも変えトライしてみた、何とか数枚は上手くいった様だ。天の川らしきものも映っている、それにしても寒い、部屋に入ろう。

①夕陽で真っ赤に焼ける大地に車の影を残し一路ポートノロスへ
②ポートノロスのレストラン、周囲は暗いのに水平線の彼方はまだ光り輝く
③今日もビールとワインで疲れを癒そう
④満天の星空に吸い込まれそうだ、右側の4つ星が南十字星（サザンクロス）や
⑤天の川も雲の様に見え神秘的だった

## 5日目

# Port Noloth ——→ Garies

345Km

ポートノロス　　ガリエス

この地方の主な生息種／ Euphorbia, Anacampseros, Conophytum, Adromischus, Crassula, Orbea, Haworthia, Mitrophyllum, Gasteria, Avonia, Senecio, Whiteheadia, Quaqua, Tridente, Lithops, Drimia, Aloidendron dichotomum,

*Tylecodon reticulatus*

ガリエスへ向けての、1日遅れのスタートだ、朝日が光り輝く中、早速海辺近くの自生地を探索。ここは真っ白な水晶石が砂の表面を覆う場所で、ケイリドプシス等この地方ではお馴染みの姿が大半を占める。朝もやの中、R355 に出てスプリングボック方面へ向かう。この辺りの道は何処に行っても未舗装で、全タイヤ交換は正解、パンクの心配は限りなくゼロに近づいたのだ。更に道路の左右に目障りの様に続いていた鉄条網、不思議な位に見当たらない。道が無ければそれこそ原野の真っただ中、人もめったに来ないし放牧もされていないから柵など必要も無いのだろう。眺望の良い平原を飛ばすが、景色は殆ど変わらず単調だ、白砂・茶土・赤土などが不規則に入れ替わるのを見ているのが唯一の退屈しのぎ、その位変わらぬ風景が続く。

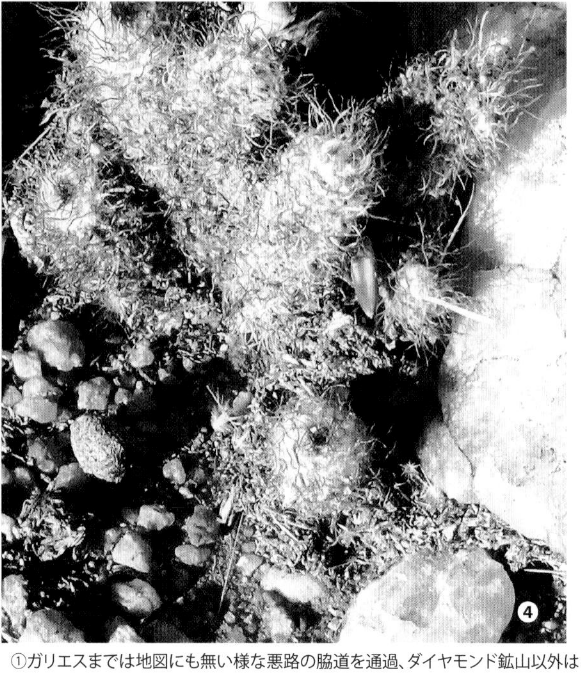

①ガリエスまでは地図にも無い様な悪路の脇道を通過、ダイヤモンド鉱山以外は鉄条網も無い
②*Monsonia vanderichiae* , 赤い花の*Mesem* は斜面に生息 モンソニア
③*Cheridopsis* sp. ケイリドプシス
④*Anacanpseros albidiflora* アナカンプセロス

R355を右折し、ナマクアランド国立公園の手前辺りをR7方面に左折、やがて低い丘が現れ、今迄の単調な直線道路が終わり、カーブが続く様になった。脇道に入り、しばらく先のこんもり盛り上がったなだらかな丘の上に停車。叢ばかりの風景が一変し、この先の薄茶色の砂や岩石の中に、ケイリドプシスらしき姿が見えており、丘の高い方に向かい探索を始める。このかなり広く眺望の良い場所には、メセン類の他サルコカウロン、チレコドン、アドロ他多種多様、珍品も在りそうだ。しかしかなりの強風が吹き荒れる場所とみえ、チレコドンの類はどれも背が低く幹は太く葉は一方向にたなびいていた。そのまま盆栽風に植木鉢に納めれば鑑賞用としては天下一品だ。見飽きない位に広大で、去りがたい場所でもあるが移動しよう。この先は鉄条網が厳重なダイヤモンド鉱山が在る場所を通過し、山中に入る手前の道で馬に出会う、近くに農家でもあるのだろうか。この辺りまでがスプリングボックの南に位置するR7の海側にある原野、R7を少し走り、今度は東側の山中を進みガモエップ方面へと向かう。

①白水晶も混じる景色の良い強風地帯
②*Crassula alstonii* クラッスラ
③*Dinterunthus pubescens* デンテランタス
④*Tylecodon pearsonii* チレコドン

①ピンク色が綺麗なクラッスラ・アルストニー
②岩の隙間でペラルゴニウムと共生するディンテランタス
③左：スケレケラランタス、上：アイゾアセア、右：オトンナ

何処の国にも自慢の大木が有るものだ。日本で言えば神社やお寺の境内に在る言い伝えを伴う大木、言わば御神木がそれだ。ここ南アでは、この本の随所に出て来る A・ディコトマムや同ピランシーの大木がそれに相当するのだろうか。多肉の仲間には大木とはいかないまでも、コーデックスと呼ばれる背は低いが根や幹に当たる部分が肥大するものまで有る。今回旅した地域にはコーデックスにあたる品種は見かけなかった（南アフリカでは南東部に生息)。しかし、ここに載せたチレコドンなどでも古木は在るものだ。写真では左側の部分の表面は肌が黒く枯れているが、中心部では根から養分を吸い上げ右の葉は立派に育っている。樹齢は 100 年程であろうか、驚くばかりだ。

①チレコドンペアルソニー（左は死ぬも右は生き延びている）
②チレコドン・レティキュラータス（岩陰は安息の場所）

①*Monsonia vanderrichiae* モンソニア
②*Crassula muscsa* クラッスラ
③*Aizoaseae* の一種 アイゾアセアエ
④*Cheiridopsis* sp. ケイリドプシス
⑤広大な大地は多肉植物の宝庫*Cheiridopsis* sp.他多種多様 ケイリドプシス

①*Hartmanthus hallii* ハートマンサス
②*Aizoaceae*の一種 アイゾアセアエ
③*Aizoaceae*の一種 アイゾアセアエ
④左：*Monsonia vanderrichiae*、中：ハオルチアの一種か？、右：*Aizoaceae*の一種
モンソニア＆アイゾアセアエ

この周辺には幾つもの「乳頭山」と呼ばれる山が現れる、頂上に乳首状の岩を持つ乳房の形をした山で、中には一枚岩でつるつるしたモノも在り何ともリアルだ。秋田県にも乳頭山が有るが、どちらも女性の乳房に似ているのでそう呼ばれるのだろう。そんな山の方の大きな岩がゴロゴロした場所に、A・ディコトマムが数多く自生している場所が在ったので車を降りて探索した。しかし足元近くまでブッシュが覆い尽くしている場所で、A・ディコトマム以外に多肉の類は無かった。車を先へ移動させ、ガモエップの手前で右折し南下して行く。放牧農家の横を走り抜けると、岩山の下の枯れたブッシュの中に緑の塊が幾つも現れる。何とその緑はチレコドン奇峰錦の大群落の緑だったのだ、コチレドンも共生していて名前がややこしい。周囲には乳首こそ無いが同じ様な巨大な一つの大きな岩山が在り、登山好きには目が離せない立派な山容であった。

土壌が肥沃なのか、雨に恵まれる場所なのであろうか、野も山も殆どが緑地で、山の麓にある平地は牧場になっている。動物が道路を通って移動しない様、道路を挟んだフェンスの間には、タイヤは落ちないが動物の足は落ちるグレーチングが牧場の境界に設置されている。日本では尾瀬で、ニッコウキスゲ他の貴重な植物を食害から守る為、湿原をフェンスで囲い、フェンス間を通過する木道にグレーチングを設置し、鹿等の侵入を防止しているのと考えは同じだ。

(左頁)
①Cotyledon orbiculata(ここには、コチレドンとチレコドン、ややこしい名前が共存)
②老木のTylecodon wallichii(この山は両種の群生地だった)チレコドン
③この辺りは緑地帯で牧場も多い、ツルッとした南アフリカ独特のグラナイトの山は遺産的
(右頁)
①*Aloidendron dichotomum* アロエ・ディコトマムが自生する真冬の山岳地帯
②牧場周辺の道路には、その境にグレーチングか有り動物の移動を防止している
③*Aloidendron dichotomum* アロエ・ディコトマム
④この辺り一帯には乳首山が多く見られた
⑤天辺に乳首状の大きな岩が残るのも不思議だ

①この辺りの山中には大小様々な巨岩が現れる
②牧場以外の山間部の緑はブッシュが多い
③地質が合うのか*Tylecodon wallichii*が多く生息 （チレコドン）
④*Cheiridopsis lobusta*種が流れ広がるのか、特になだらかな斜面を覆い尽くす（ケイリドプシス）

土壌が肥沃なのか、雨に恵まれる場所なのであろうか、野も山も殆どが緑地で、山の麓にある平地は牧場になっている。動物が道路を通って移動しない様、道路を挟んだフェンスの間には、タイヤは落ちないが動物の足は落ちるグレーチングが牧場の境界に設置されている。日本では尾瀬で、ニッコウキスゲ他の貴重な植物を食害から守る為、湿原をフェンスで囲い、フェンス間を通過する木道にグレーチングを設置し、鹿等の侵入を防止しているのと考えは同じだ。

①狭い山間は手付かずの原野のままになっていた
②*Euphorbia multiceps* 立派に成長した株はどれも土から出てきたタケノコの様だ（ユーフォルビア）
③*Euphorbia multiceps*若い姿は緑色が残り平たいものが多い（ユーフォルビア）
④*Haworthia setata*木陰にひっそりと自生している個体が多い（ハオルシア）
⑤*Adromischus alstonii* アドロミスクス
⑥*Conophytum wettsteinii* コノフィツム

①野生ではないだろうが道路に馬がいた、近くに農家でも有るのか
②コチレドンとの勢力争いに勝ったコチレドン
③陽をたっぷり受けて見事な色のアイゾアセアエの一種
④ユーホルビア・マッソニア・アイゾアセアエが群生する岩の丘

①すらっと伸びた真っ白な幹が綺麗なアロエ・ディコトマム
②チレコドン・ワルチー＆コチレドンの２種が群生する山
③ブッシュの中は足の踏み場もない程のチレコドン＆コチレドンの宝庫

更に進むと、万物想、メセン、ハオルチア、コチレドン等が多くの岩に交じって自生し、ケープバルブの一種だろうか、珍しく砂の上に上部を露出させている大型球根の群生株を発見する頃には、陽も傾き肌寒さを感じてきた。高い山の斜面が夕日に染まり始め、100 本以上のA・ディコトマムが山々に彩を加えている見事な場所を抜け、山岳地帯に別れを告げた。

(左頁)
①*Colchcum scabromarginatum* コルチカム
②*Crassula* sp. クラッスラ
③*Cheiridopsis* sp. 他（ケイリドプシス）
④*Cotyledon orbiculata* コチレドン
⑤*Cheiridopsis* sp.他（ケイリドプシス）
⑥*Larryleachia cactiformis* ラリレアキア
(右頁)
①夕日に染まる山に*Aloidendron dichotomum*が群生（アロイデンドロン）
②*Euphorbia multiceps*道路の近くの原野に沢山（ユーフォルビア）
生息している(Kさんの車と)
③*Haworthia bolusii*ブッシュの木陰に群生株　(ハオルシア)

町で早速の宿探し、店が並ぶ場所にロッジ風の小綺麗な宿が直ぐ見つかり、そこに決める。夕食の店を探しに閑散とした通りを歩いていると、レストランと土産店を経営している店が有り入る。ここもお酒は出ないとの事で、近くの酒屋で調達したビールとワインを持参する。土産や生活雑貨も置いている店で、ラグビーボールより 2 回り程小型のダチョウの卵の殻に描かれた多肉の姿が目をひいた。この近くに自生しているのを描いたのだろうか、山を背景にしたA・ディコトマムの姿が印象的だ。レストランの女将は料理が得意とみえ、メニューには多くの種類が並んでいる。洒落た店構えとはお世辞にも言えないが、それに似合わず、出された旨い肉料理を大いに楽しむのであった。隣の席には女の子２人がジュースを飲んでいて、恥ずかしがりながらも写真を撮らせてくれた。

①将来を見据えてか幅広い道路が目立つ
②夕暮れ時の牧場では多くの羊がのんびり過ごしていた
③ロッジにはディコトマムやアロエの類が植栽されていた
④ダチョウの卵に描かれた多肉植物ディコトマムが目立つ
⑤中学生くらいの女の子がジュースで談笑していた

# Garies ——→ Vanrhynsdorp

325Km

ガリエス　ヴァンリンスドルフ

この地方の主な生息種／ Euphorbia, Anacampseros, Conophytum, Haworthia, Massonia, Aloidendron dichotomum, Brunsvigia, Drimia, Pelargonium, Quaqua, Lithops, Argyroderma, Crassula, Dactylopsis,Oophytum, Tylecodon, Adromischus, Eriospermum, Othonna,Haemanthus, Lachenalia, Huernia, Oxalis Monilaria

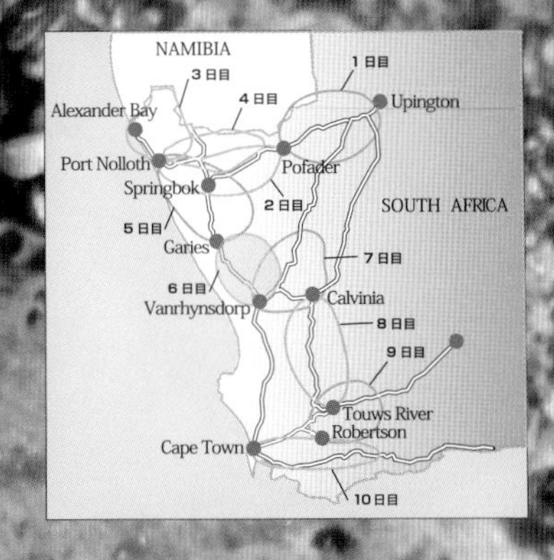


*Conophytum* sp.の群生株が水没、最近降った雨のいたずらか？信じ難い光景

昨晩のレストランの女将の手作りだろうか、クッキーが美味しそうに並んでいたので出発間際にその多くを買い求めた。町並みを過ぎ R7 号線をひたすら南下し、途中から脇道の悪路に入る。しばらく走ると、水晶石の小石が万遍無くばら撒かれた様に地面が真っ白な場所が現れる、降りてみると道路際は茶色の土だが、10m 程先から果てし無く白い色の場所が続く。想像するには、“かつては全体が白い石に覆われていた場所に道路を敷設する時、道路部分の土を左右に掘り起こし、中に砂利を入れ固めて道路とした。掘り起こされた土は年月の経過で強風に煽られ飛び散り、自然と元の平地に戻った”。これでどうだろうか？詮索はこれ位にして早速探索。例によって、ケイリドプシス、アロギロデルマ、変わったところでは、今回の旅で初めて見るモニラリアの群生。更には、白い皮を纏って小石の高さすれすれに顔を出しているのはオオフィツムだろうか、10～30頭の群生株が足の踏み場もない位に生息している。春には真っ白な額縁の中で花を咲かせる、そんな夢の花園を思い浮かべた。

物音で我に返ると、近所の農家の主か、珍しいナンバープレートを見てか、カメラをぶら下げた珍客に興味が有るのか、車を止めて話しかけてきた。牧草を運んでいるところらしい、この地方では今年は全く雨に恵まれず畜産農家は困るそうだが、芽吹く春先に降る雨に期待しているとか。道路の反対側も同じように白い小石が光る場所、当然だがこちらに生育しているのも同じような種類で、特に成長の遅いモニラリア、その大小様々な群生株は圧巻であった。この先は行けども、行けども、原野が続き、叢も無ければ多肉も無い、Kさんよりも上手のスピード狂の暴走車1台に追い越されたものの、すれ違う車はたったの2台、時間的には悪路を飛ばして約 50 分。やがて平地だが緩い上り坂に差し掛かり、この世で初めて見る黄色の土を発見、表面が削られた水無川の底なのだ、ここで車を停める。緩やかな坂の上は幹線道路で鉄条網が張られているが、脇道にはそれも無く自由に出入り出来る場所だ。脇道の両側に拳骨よりも大きなコノフィツムの群生株が数えきれない程在るのと、リトープス、エリオスペルマム、頭の天辺に花を付けたユーホルビア。珍しいのはメセンの一種だろうか、同じ枝に異なる葉が、普通は煎餅の柿の種よりもふっくらした三日月状の葉だが、稚児姿の様な形の葉が同じ枝に見られる、不思議だ。

①

②

④

⑤

③

（左頁）
①*Bulbine fallux*
ブルビネ
②*Argyloderma* sp.
アルギロデルマ
③左：*Argyloderma* sp.中：数年の干ばつで枯れたのか　右&下：*Cheiridopsis* sp.
（アルギロデルマとケイリドプシス）
④アイゾアセアエ（上）・コノフィツム（下）の群生株
⑤*Monillaria* sp.（*Phyllobolus* に分類する向きもある）や *Cheiridopsis* 等この場所は特に群生株が無数に生息していた（モニラリアとケイリドプシス）
⑥*Argyrodrrma delaetii* & *Dactylopsis digitata* & *Conophtum* sp. & *Cophytumnanum* 等が共生する（アルギロデルマ、ダクチロプシス、コノフィツム）
（右頁）
①遠くの山々も含め周囲の地質は道路以外白一色
②*Oophytum nanum* オーヒツム
③牧草を運んでいる農家の主がやって来て暫し話し込む、今年は酷い干ばつとか
④*Conophytum wetsteinii* コノヒツム
⑤*Euphorbia mammillaris* ユーフォルビア

この先は行けども、行けども、原野が続き、叢も無ければ多肉も無い、Kさんよりも上手のスピード狂の暴走車1台に追い越されたものの、すれ違う車はたったの2台、時間的には悪路を飛ばして約 50 分。やがて平地だが緩い上り坂に差し掛かり、この世で初めて見る黄色の土を発見、表面が削られた水無川の底なのだ、ここで車を停める。緩やかな坂の上は幹線道路で鉄条網が張られているが、脇道にはそれも無く自由に出入り出来る場所だ。脇道の両側に拳骨よりも大きなコノフィツムの群生株が数えきれない程在るのと、リトープス、エリオスペルマム、頭の天辺に花を付けたユーホルビア。珍しいのはメセンの一種だろうか、同じ枝に異なる葉が、普通は煎餅の柿の種よりもふっくらした三日月状の葉だが、稚児姿の様な形の葉が同じ枝に見られる、不思議だ。

①道路の反対側も*Cheiridopsis* sp. *Argyloderma* sp. *Monillaria* sp.等が群生（ケイリドプシス、アルギロデルマ、モニラリア）
②*Argyloderma* sp. 他（アルギロデルマ）
③珍しい*Dicrocaulon brevifolium* ディクロカウロン
④前：*Conophytum calculus*、後：*Monillaria* sp.コノフィツムとモニラリア
⑤*Crassula culumnaris* クラッスラ
⑥*Pelargonium* sp. ペラルゴニュウム
⑦*Euphorbia hamata* ユーフォルビア

①広大な原野は未開のままの南アフリカ、直線道路の未舗装がかろうじて眠気防止の役割だ
②*Argyloderma delaethii* アルギロデルマ
③*Cheiridopsis robusta* ケイリドプシス
④*Namaquanthus vanheerdei* ナマクアンサス
⑤*Aizoaceae* の群落と黄色の水無川（アイゾアセアエ）
⑥牧場の動物が移動しない様に仕掛けがされている

南アフリカ共和国の多肉自生地で最も注目すべき場所が有る。クネルスフラクテ・knersvlakte と呼ばれている、真っ白な石英の丸い小石が隙間無く宝石の様に大地を覆う、その隙間を押し退ける様にし競って生息場所を確保する多肉の数々。アルギロデルマ、オオフィツム、ブルビネ、コノフィツム、モニラリア、ケイリドプシス、ユーホルビア、クラッスラ、ペラルゴニウムなど多種類が共生する。あるものは動物の食害から身を守る術をわきまえ、あるものは群生しダメージを最小に留めるなど、賢い多肉が多い事は考えさせられる場面でもある。アルギロデルマは小石よりも背を低くしており、足で踏んでも個体は傷つかない。オオフィヒツムに至っては小石を城壁の様にして身を守る。

①遥か地の果て迄、見える限りが真っ白い
②モニラリアの幼木
③左：アロギロデルマ左と右：アイゾアセアエの一種

①生育の遅いモニラリアの大株、ここまで育つには数十年が経たと思われる
②風変わりなメセン、同じ枝でも葉の形が異なる
③岩陰を好むコノフィツムの大株

①*Tylecodon wallichii* チレコドン
②マユハケオモトの花に似た現地の植物
③*Aizoaceae* の一種＆*Haemanthus* sp. アイゾアセアエとハエマンサス

国道に出て南下し、また脇道に入って進み自生地へ。ここは放牧地らしく、例のグレーチングが何か所かに設置されており、その場所だけ道路が１車線と狭く、そのほかの場所はすれ違いに苦労はしない幅だ、しかし往復とも車には遭遇しなかった。そんな奥地に石切り場の跡と思われる場所の周囲に、多肉の生息地が在った。エーデルワイス（日本では雪の様なふんわりした苞葉から“ウスユキソウ”と呼ばれているが）の生息地は数億年前に形成された「古生層」と呼ばれる地層が露出した場所（例えば日本では小生も登頂した、尾瀬の至仏山・岩手の早池峰山、更には未踏の地、北海道の礼文島・等）に限られるそうだ。アフリカの地に来て、何とはなく感じてはいるのだが、水晶石と言い、石灰岩と言い、果てはダイヤモンドの産地近くと言い、ランダムに分散している事から考えると、多肉好みの地質が有る様な気もする。ここの石灰岩の様な岩稜地帯の近くにはメセン、チレコドン、マッソニア等が群生していた。

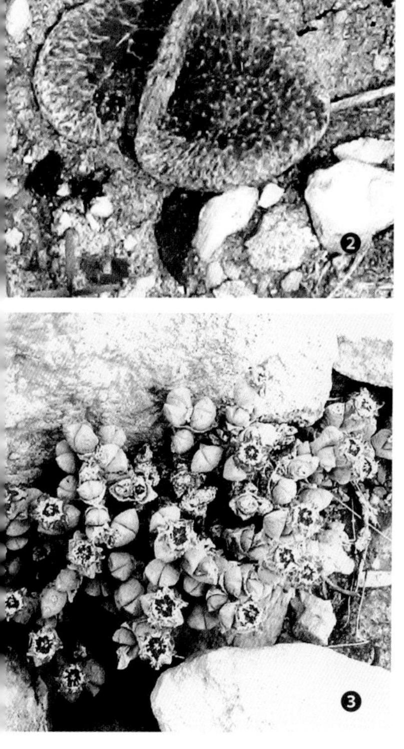

①*Aizoaceae* の一種、この場所の岩石は多肉好みなのか多種が生育している（アイゾアセアエ）
②*Eriospermum arachnoideum* エリオスペルマム
③*Aizoaceae* の一種、必ずと言っても良い位、岩陰に生息（アイゾアセアエ）
④*Haemanthus* sp. 葉の大きさが肘から指先程の大きな個体も生息していた。赤紫色の花は*Aizoaceae*の一種（ハエマンサスとアイゾアセアエ）

再度国道に戻り更に南下、町の手前を又脇道に入ってしばらく進むと、頂上がテーブルマウンテン状の平らな山が幾つも見えてきた。隆起したのか、僅かな雨に長い年月をかけ浸食されたのか、いかにも脆そうで、今にも崩れんばかりの格好をした山だ。近づけば近付くほど不思議な情景、その頂上辺りに多肉の自生地があるとの情報で行ってみるのだが、周囲の山も道路も何となくじめじめした場所だ。ガードレールも何も無い曲がりくねった悪路、運転を誤ると崖下に真っ逆さまに転落しかねない急坂が続き、ぐるぐる回りながらやっと最上部へ。驚いた事にここから先は広い高原状で、開拓し耕した農地にもなっている。その道路際が目的の場所、大きな岩がいくつか在り、窪みには縞模様が奇麗なコノフィツムやメセン類。しかも驚く事に溜まった水に水没して生息している個体もある(P77 も参照)。

常時水没しているのか最近降った雨で一時的なのかは不明だが、生き延びられているのは、低温が幸いしての事なのだろう。“多肉は乾燥好き” と言う固定観念から言っても、常識では考え難い不思議な光景だ。岩の下の地面にはマッソニア、メセン等が群生している、ここは「不思議な世界のテーブルマウンテン」天空の楽園なのだ。

（左頁）
①何と無くジメジメした山中は赤土と岩の殿堂
②*Conophytum mundum* コノフィツム
③*Conophytum obcordellum* コノフィツム
④*Crassula tomentosa* クラッスラ
⑤*Braunsia apipculata* ブランシア
⑥*Senecio* sp. セネキオ

（右頁）
①*Conophytum* sp.薄茶の*Adromischus*も共生している（コノフィツムと アドロミスクス）
②*Conophytum* sp.左に*Crassula* sp.中央右下に *Crassula tomentosa*も見える（コノフィツムとクラッスラ）
③今にも崩れそうなテーブルマウンテン状の山々が多い場所

この辺りの山は脆そうな地質、前日に雨が降ったのか濡れていた。そんな山頂付近の岩陰に水が溜まり、多肉たちは水没してしまった。コノフィツムなどは、高温多湿な日本の梅雨時や夏場には注意を怠ると忽ち蕩けて消え失せる。ここでは気温が低いので生き延びられるのかも知れない、水が引けば本来の乾燥した環境が訪れ生気を取り戻すのだろう。テーブルマウンテンの誕生は、この様な水平に積層された地質が有っての事なのか。雨による浸食なのか強風による風化なのか、近寄ると危険なくらいの光景が続く。そんな山中の頂上付近の多肉の生息地まで、ガードレールも無い崖の悪路を死を覚悟で車を走らせた。

①脆い地質は見ただけで恐ろしい位だ、道路はスリップするし、崖下に落ちない様、運転は慎重を極める
②コノフィツム・ムンダム（左上）アドロミスクス（中）クラッスラ・トメントーサ（右）

春の雪解けと共に、白馬連邦の五竜岳の山頂付近に 4 つの菱形の山肌が現れる。信州の農家ではこの無言の合図と共に野良仕事が始まるらしい。武田信玄は越後とは戦ったが、信州には恵みをもたらせた様だ。そんな菱形をした樹形のチレコドンが在った、かつては石切り場だった場所の様だ、周囲は肌の綺麗な大理石の様な模様の岩石で囲まれていた。光背とでも言うのか、模様の綺麗な岩を背景に、菱形のチレコドンは 1 人静かに佇み、周囲からは鳥の声の他に音と言う音は全く聞こえなかった。

①チレコドン・ワルチー　後ろの大理石？が美しい
②ブッシュの下にアイゾアセアエと共生するアルギロデルマ

山の麓には大きな池や農地が広がる、この池は農業用の貯水池なのだろうか、見た限り流れ込む川など見当たらないので、水源はこの怪しげな山からの湧水なのかも知れない。アフリカにはこんな豊かな場所も在るのだ、その先には開拓された農地が広がり、市街地へと続く。最後に寄った市街地の近くの空き地、アロエやケープバルブがこの世を謳歌するが如く生息し、現地の人々には全く見向きもされず気ままに生き延びている。町並みの遥か遠くには先程迄存分に楽しんだ、天空の楽園が霞んで見えた。どこの町にも必ず在るが、この町にも立派な教会が在り、今晩の宿はそのすぐ近くの名の知れたホテルにする。玄関先にはシンボル的役割を演じさせてか、立派なディコトマや多肉達が周囲の花壇を彩っている。アロエの黄色い花にはメスの太陽鳥であろうか、地味な色だが顔先の若干湾曲した長い嘴を、花の中に入れて蜜を飲んでいる。その姿を見ていると、アピントン迄乗ったあの飛行機に描かれた絵を思い出す。今晩はホテル内での食事が可能なので、ゆっくり出来そうだ。

①怪しげなテーブルマウンテン状の山地からの湧水か、肥沃な大地へと緑地が続く
②*Aloidendron dichotomum* 剪定したのだろうか見事な樹形（ホテルの植栽④⑤も）（アロエ）
③*Euphorbia crispa*右上（町の近く、住宅街の空き地で）（ユーフォルビア）
④*Aloidendron dichotomum* メスの太陽鳥か、この色の種類か鳴きながら蜜を飲む（アロエ）
⑤*Aloidendron dichotomum* 看板に偽りは無かった、美味に満足したホテルのレストラン（アロエ）

# Van Rhynsdrop ——340 km——> Calvinia

ヴァンリンスドルフ　カルビニア

この地方の主な生息種／ Anacampseros, Conophtum, Haworthia, Brunsvigia, Othonna, Cape bulbs(many spiral leaf & many other things), Massonia, Conophytum, Eriospermum, Aloidendron dichotomum, Lachenallia, Aloinopsis, Notachidnppsis, Quaqua.

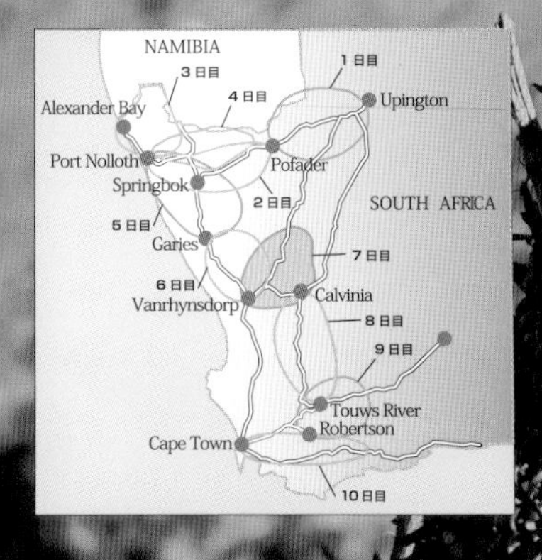


5

*Euphorbia multiceps*　独特の形と角（花こう枝）が立派

早朝に外で雨音らしき気配が有り、カーテンを開けるとにわか雨、珍しい事が有るものだ。なにしろ、今年のこの地方は極端に乾燥しきっているらしい、お湿り程度の降りなど雨のうちに入らないのだろう。ホテルに到着してから室内や外を歩き回って気が付いたのだが、このホテルのオーナーは余程の多肉マニアとみえ、玄関先の立派なA・ディコトマムが象徴的役割を演じているだけでなく、中庭にはポットに植えられたアロエの数種類が目をひき、室内の通路からもA・ディコトマムの地植えやポットの数々、見飽きる事がない。夜はドギツイ位の赤い照明に映えるA・ディコトマムがまるで絵画の様にダイニングと教会との空間を見事に取り持つ役割を演じていた。

①*Aloidendron dichotomum*：ホテル内の通路から中庭のディコトマムが見える演出（アロイデンドロン）
②中庭には鉢植えのディコトマムが２本：*Aloidendron dichotomum*（アロイデンドロン）
③*Aloidendron dichotomum*：裏庭にも３本のディコトマム
④夜は真っ赤な照明に映える：*Aloidendron dichotomum*まるで絵画の様だった（アロイデンドロン）

朝食を済ませ、暗証番号で開門し、いざ出発。気温が低く、早朝のにわか雨は土へのお湿りには役立たなくも、フロントガラス越しに見るアスファルトの道路は未だ濡れていて、朝日を反射させまぶしい。前方に見える高原の上まで車を進め、今日からは高原地帯の自生地を次の宿泊地まで回る予定にしている。ホテルの関係者によると、この地域では手付かずの原野にも、開拓の波が押し寄せ、牧場や農地へと変わりつつあるとの事だった。日本で言うところの、高級な高原野菜やブランド畜産業の産地を目論んでいるのかも知れない。しかし将来の人口予測からすると、現実はどうもそんな悠長な話では無さそうなのだ。何と言ってもサブサハラと呼ばれるアフリカ大陸の南部地域の住人はと言うと、2050 年には現在の 2 倍以上の 21 億人に膨れ上がるとの予測なのだ。それに見合った食料の増産がここ南アフリカの地でも必要になる事は確実だ。新たな農地や牧場、更には居住地域を切り開かねばならない訳で、その分多肉の自生地も減り、貴重な品種も絶　貴重になってしまったA・ピランシーを代表とする絶滅危惧種は、年々増加の一途を辿っている。30 年以上も前から何度もアフリカ大陸やマダガスカルの原産地を訪れ、調査をしておられるＩＳＩＪの小林会長から「私費を投じてでも、絶滅危惧種に該当する植物が生息する土地を買い、その維持と繁殖に尽力する事もやぶさかでは無い」といったお話をお聞きしたのを思い出す。多肉植物を愛され、その魅力を伝え、普及に力を捧げられている方だからこその貴重な言葉である。人脈作りや調査に世界中を駆け巡り、常に将来に視点を置く氏のご活躍に終わりは無いのであろう。開発の手が貴重な植物を危機に直面させているのはここだけでは無い、数日後に市街地隣の自生地で、ブルドーザーが入るのを目の当たりにする事に成るとは、想像すら出来なかったのである滅へと追いやられてしまうに違いない。

①にわか雨の雲は遠くに去って、今日から探索の山岳地帯も晴れた様だ
②ホテルの苗木、左：*Aloidendron ramosissimum*、右：*Aloe brevifolia*
（アロイデンドロン・ラモシマとアロイデンドロン・ブレビフォリア）
③にわか雨に濡れ、朝日に輝く道路を山岳地帯に向けて今日もスタート
④南ア・リヒタースベルト、アレキサンダーベイの東方（3 日目のピランシーの丘近く）で調査中の小林浩氏：*Aloidendron pillansii* と共に（同氏提供）
（アロイデンドロン・ピランシー）

❶

さて、何回かのヘアピンカーブの坂を上り詰め、高原地帯に車を進めるとしよう。高原地帯で最初に見たのは、この国で今までも時々見かけた、車の運転手や同乗者の為の休憩所。何しろ、走れどもトイレも無ければコンビニ等は勿論無い、30 年以上前にフェリーで渡った北海道で同じ様な思いをした記憶が有るが、それより輪をかけて酷い。設置場所は少ないものの、この様な休憩場所が有れば、安心して車を停車出来有り難い、何しろ 120 ㎞で飛ばすのだから。大型トラックが停まっている休憩所の背後には農地、反対側には牧場、多肉の自生地だったかも知れないこの場所がいつ開発されたかは知る由もないが、ホテルの人から聞いた通りだ。

(左頁)
①*Oxalis blastorrhiza* オキザリス
②*Massonia* sp. マッソニア
③*Crassula cotyledonis* クラッスラ
④国道の休憩所、背後は農業用地
⑤休憩所の左は牧場、多肉の自生地は減り続ける

(右頁)
①*Tylecodon wallichii* チレコドン
②*Massonia* sp. マッソニア
③*Bulbine fallux* ブルビネ
④滝壺を覗く場所に生育する*Massonia* sp. の群落(手前中間・左下から右上に)
⑤*Tylecodon paniculatus* チレコドン

この先を曲がると滝が有るはずだ、しばらく走ると看板の隣に駐車場が有ったので入る。2～3人で来ていたメンバーの車が1台停まっていた。看板によると、ここには大滝と小滝が有る様だ。どうせなら大滝へ歩みを進める、しかし物音一つしない静けさなので、違和感が有る。Kさんが知るところでは、この地方一帯は酷い干ばつで1年以上もの間雨が降っていないとか、朝方のにわか雨などは乾燥しきった土にはお湿りにもならないのだろう。乾いた雑巾を絞っても水が垂れないのと同じで、乾燥しきった台地からは流れ出る水も無いのであろうか。それでも滝壺をのぞき込む場所には、マッソニアの数十株の群生が見られ、蕾も膨らみかけていた。滝壺に落ちる壮大な光景は、幅と言い高さと言い "日光華厳の滝を上回る事疑い無し" と勝手な想像をして幻の滝を後にする。ところが、この後にとんでもないプレゼントが用意されていたのだ。意気消沈している暇も無く、現れたのが "阿房宮の巨大なお化け"樹高は3m以上で、幹は一抱え以上、しかも10本位在るのだ。何時もの年なら水分もそれなりに有り、周囲のブッシュからの養分補給も充分に有っての生育状態なのであろう、立派過ぎる位だ。他にも開花したマッソニアとオキザリス、更にはチレコドン、メセン等の多肉達が緑の草原に競う様に生息していた。

更に 30 〜 40 分走ると、人里離れた大自然の中の丘の上にも阿房宮が現れる、10m 位の崖を登ってみると、岩の割れ目や木陰に実生の苗が大小無数に確認出来る。こんな山奥だから苗を採取する人も入って来ないのかも知れない。反対側には山中に「奥地の素晴らしいテーブルマウンテン」の姿が望め、有名なケープタウンのそれも良いのだろうが、人里離れたこの地で、めったに人目に触れる事も無く、人の手が加えられていない自然のままのすがすがしい姿を脳裏に焼き付けた。少し走った先の反対側の丘では、車の音に気付き危険を感じたのか、放牧された羊がこちらを振り向いてくれたのが嬉しかった。しばらく走った先では、遠くに家々が見え始めた路肩に花を付けたマッソニアが在ったが、他に特に変わった品種は発見出来なかった。先程見えていた 100 軒位の住居が並ぶ村に入ると、道路際に建つ家の庭先に、樹高 4 〜 5m のA・ディコトマムが３本植えられていた。両脇の黄花に挟まれた中央には真赤な花が見事に咲いており、その赤花を“この冊子の表紙中央”に使う事にした。村を抜け悪路を更に先に進めると、道路の両側にアロエの低い姿が並ぶ平原が続く。路肩に車を停めて探索していると、何と陸亀が日光を燦燦と浴びながら、ブッシュに寄り添うかの様にくつろいでいるのを発見。ラグビーボールより少し小さ目だったが持ち上げると意外に重かった。もっと先の町外れでは、農家の入り口だろうか「A・ディコトマムの門構え」日本では「門冠の松」と言ったところか、花を咲かせた一対の立派な姿が目をひいた。更に先迄走ると太陽の光を浴びて表面が光る石が現れ、その場所にアルブカのくるくる巻いた葉や小型のアロエの古株の姿が赤土の原野に続くのだった。

①人里離れた奥地の山岳地帯に現れた素晴らしい形のテーブルマウンテン
②*Tylecodon paniculatus* hairly leaf チレコドン
③左：*Aloidendron dichotomum* 中央：*Aloe khamiensis*
右：*Aloidendron dichotomum*
アロイデンドロン・ディコトマムとアロエ・カミエセンシス

①*Eriospermum descendens*この辺りはケープバルブの宝庫でもあった（エリオスペルマム）
②*Othonna* sp. & *Massonia* sp. オトンナとマッソニア
③*Haworthia tesserata* ハオルチア
④*Ornithogalum concordianum* オニソガラム

①ユーフォルビアとチレコドンの大木
②1年以上雨が降らず滝（右の四角い穴）からは一滴の水も流れていない
③岩の割れ目にチレコドンの見事な実生苗が
④滝壺テラスのマッソニア
⑤全山チレコドン・パニキュラータスが生息

①多くの山羊が餌を求めてA・ディコトマムの生息する斜面に集まる
②トンガリ山をバックに柱状アロエが自生する原野
③農家の人が植えたのだろうかアメリカ大陸産の団扇サボテン

やがて山間に入り、A・ディコトマム等が眼下から遠くの山の麓迄、数えきれないほど立ち並ぶ眺望の良い場所が現れたので車を停めて休憩する。遠くには尖った岩山が崖の上に幾つも聳え立つ。アフリカにもこんな場所が在るのかと思う程で、バナナを口にほおばりながら素晴らしい景色に見とれていると、時の過ぎ行くのを忘れてしまいそうだ（P46も参照）。山間部を抜け、平原に戻ると路肩にはケープバルブ類が目立つようになり、停車して探索してみる。マッソニア、アルブカ、エリオスペルマム、路肩の群落だ。共食いか餓死したのか、真っ白な動物の骨がその姿を失う事無く転がっているのを発見、ここアフリカでは鉄だけでなく骨も朽ちないのだろうか。しばらく走ると、やがてカルビニアの町並みが見えてきた。その横の草原に数十頭のダチョウの姿が反対側のガラス越しに確認出来る。鉄条網に囲まれた農家の飼育場の様だ、ここの背後に在る「放牧場から見上げるテーブルマウンテン」その独特の山容が印象に残る。

①Kさんの車と表面が光る岩石
②農家の入り口の *Aloidendron dichotomum* 黄花がみごとに開花していた（アロイデンドロン・デコトマム）
③ダチョウの放牧農家、背後のテーブルマウンテンが印象的
④陸亀が日光浴
⑤*Lachenalia*、満開の花が見事だった（ラケナリ
⑥素晴らしい山容と風景を背後に生育してい *Aloidendron dichotomum*の群落（アロエ）
⑦原野には動物の骨が朽ちずに転がっていた

①*Aloinopsis malherbei* アロイノプシス
②*Gethyllis* sp. ゲチリス
③*Gethllis linearis* ゲチリス

①アロエ・カーミエンシス（大木になる）の苗木が原野を埋め尽くす
②山の斜面には冬が花期のアロイデンドロン・ディコトマムが開花し始めていた
③花を咲き終えた４葉のマッソニア
④花芽をびっしり付けたチレコドン・パニキュラータス
⑤遠くに山を望む牧場で育てられているダチョウ

逆光の原野に幹の模様が美しいアロイデンドロン・ディコトマム（走行中に）

今日も洒落たロッジが見つかった。Kさんも小生と同じで、気ままな旅が好きらしい、誰かに用意されたのでは無く、思いのままに決める慣わしだ。当たり外れのリスクは当然あるが、それも人生の内、ヨシ！とするのだそうだ。ロッジはホテルよりも気軽で今回の旅にはぴったりである。夕食は近くのモーテル付属のダイニングへ行く、ここはお酒も注文出来る洒落たお店だ。暖房はガスバーナー、天井近くの燃焼装置から輻射熱でお客を温める仕掛けらしい。でも理屈から言えば暖かい空気は上昇するのだ、日本の家庭で使うシャンデリアに付属する撹拌ファンでも有れば、暖気も下に流れるのだがそれは無い。奥のカウンターに鎮座する女将は、分厚いオーバーコートを着ていた、その位暖房は効いていなかった。小生はお酒で暖をとるのだった。

①全山一面に生息する阿房宮、麓の林は実生苗の宝庫
②高さ３m以上のフラワー・ポスト・ボックス
③*Tylecodon paniculatus*：麓の岩に生息する阿房宮の小型苗（チレコドン）
④レストランの暖房機、ガスバーナーの輻射熱で客を温める仕掛け
⑤造りも雰囲気も洒落たレストラン：左の女将はオーバーコートを着用
⑥ロッジは食堂が無いのでホテルのレストランへ、部屋は寒くも料理は最高

# 8日目

# Calvinia ——460 km→ Touws River

カルビニア　　タウズリバー

この地方の主な生息種／Anacampseros, Haworthia, Cape bulbs, Aloinopsis, Quaqua, Stomatium, Antimima, Stomatium, Alubuca, Crassula,Gasteria, Adromischus, Euphorbia, Aloidendron dichotomum, Massonia,

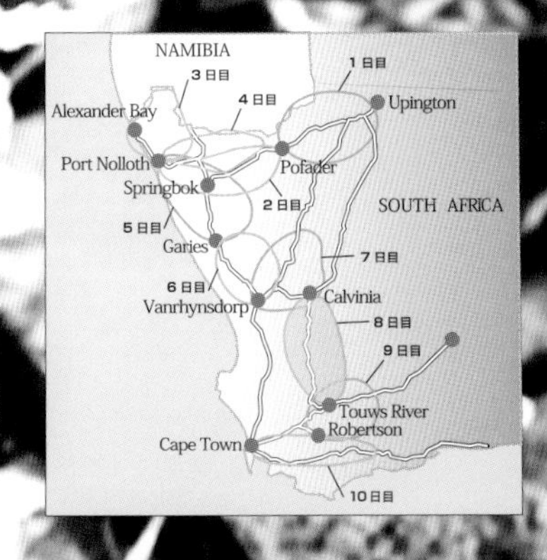


*Eriospermum* sp.

個室に付属のエアコンの暖房が良く効かず部屋は寒く、寒さで目が覚めて、夜中の1時と、朝の6時に熱いシャワーで体を温める、寝不足気味だ。Kさんの部屋はシャワーのお湯が出なかったそうだ、小生の部屋も最初はそうだった、夜中の1時にしつっこく待っていると、寝る前には出なかったお湯が何と出て来たのだ、何でも諦める事なくトライするものだ。今日の行程は長い、早朝に出発する。陽が昇り始めたので、早速車を停めて周囲を探索。寒いはずだ、街中では気づかなかったが山は雪、郊外は平地も道路も霜で真っ白なのだ。植物達はバリバリに凍り付く冷凍状態、生きているのか、死んでしまったのか、気温が上昇し温まらないと分からない。この地方に生息する多肉達にとって、真冬の朝の冷え込みは日常茶飯事で、心配する事自体が取り越し苦労なのかも知れないが、やはり気がかりだ。陽が差し込み葉先の氷がキラキラと輝き始めたが、気温が低いのだろう、樹氷の如く付着した霜の結晶はいっこうに溶けそうにない。行く末を見届けたいのはやまやまだが、先に進むとしよう。

①朝の気温は氷点下?植物は冷凍庫の保存食状態
②凍った多肉は種類も判別がつかない、中央下に小さな*Mesembryanthemum* sp.（メ
③*Mesembryanthemum guerichianum* メセンブリアンテマム
④これも*Mesembryanthemum* sp. メセンブリアンテマム
⑤*Trachyandra revoluta* トラキアンドラ

道路は地熱が保たれているのだろうか、日陰を除き霜は溶けた様だ。陽も高くなった頃ブッシュばかりと思っていた場所に多肉の気配があり停車。遠くからは単なる枯れ枝にしか思えなかったモノが、近付くと実は万物想の群生であるのには驚く。更に多くのマッソニアやメセン等があった。近くには蟻塚も驚くほど多く在るものの、いわゆる見慣れた多肉にはお目にかかれない。この先は、なだらかな丘の間を縫う様に草原地帯を走り抜ける。遥か遠くには丘全体が白く輝いている場所が見えてきた、水晶石の丘だろうか、となれば多肉の宝庫に違いない。しかし車で行こうにも道が無い、歩くには遠過ぎる、おまけに途中には崖らしき斜面も見える。いや待てよ、もしかしたら雪か？思案しながら車を走らせる、気が付くと反対側の近くも白くなって来た、雪だ。

①遠くに見えるのは水晶石の山かと思ったが・・・雪だった
②*Tylecodon* sp.　岩の割れ目に芽を出した苗 チレコドン
③*Massonia depressa* sp. マッソニア
④チレコドンの生息地には多くの蟻塚が見える
⑤*Tylecodon reticulatus* チレコドン
⑥*Aloinopsis villetii* アロイノプシス

車を停めて地面を見ると、陽も高いのに空気はやけに冷たく、日陰には1センチ程の雪が残っていた。そうだ、昨日から走っている場所は平坦であるが故、300 ～ 400m の高原地帯だったのを忘れていたのだ。しかも緯度的にはかなり南迄来ているはずで、日本とは違って南の方が寒いのだ。この辺りは標高が高過ぎるのと寒さで多肉は生息出来ないのであろうか、それともこの辺りに無いだけなのか。雪の中に生息する多肉達を写真に撮りたかったのだが、陽の光でやっと溶けたのだろう、雪の傍の土の場所にマッソニアかハエマンサスが数株見つかった。こんな高原の積雪地帯にも生息している球根多肉類、習性なのか一説によると、根が球根を砂地の深くに引き込むらしく、寒暖の差から守ると同時に、地中深くは大地からの水分補給も可能なので生き延びられるらしいのだ。

雪が溶け、姿を出した *Haemanthus* sp.

(左頁)
①*Mesembryanthemum guerichianum* メセン
②*Euphorbia multiceps* ユーフォルビア
③*Oxalis obtusa* オキザリス
④*Haemanthus* sp. ハエマンサス
⑤*Haemanthus* sp. ハエマンサス

(右頁)
①細葉:*Hessea* sp.広葉:*Massonia* sp. ヘッセアとマッソニア
②*Eriospermum descendens* エリオスペルマム
③開花した*Massonia depressa* sp. マッソニア
④*Aizoaceae* の一種（アイゾアセアエ）
⑤*Euphorbia braunsii* ユーフォルビア
⑥*Enarganthe octonaria*

路肩の叢が消え岩場と石ころが多い所に、チタノプシスだろうか群生する場所が有った。共存しているのはマッソニア、その他は探しても見つからなかった。残念な事にここにはもう雪は積もっておらず、期待した雪の中に顔を出す多肉の姿は撮れなかった。やがて車の行く手に町並みが見えてきた。その手前で車を路肩に停め、囲いも無くブッシュも無い広い場所に入ってみる。在るは、在るは、ユーホルビア多頭キリンの超大型群生株（P101、P121 参照）が見える範囲だけでも数十株。更にはマッソニアやケープバルブの数々が平地を埋め尽くす。しかし残念な事にこの場所の隣には、工事用の車両やブルドーザーが出入りしており、立派な自生地の存続も時間の問題と思える、人口増加に伴い住宅地と化すのであろうか、全てを移植させたい位だ。

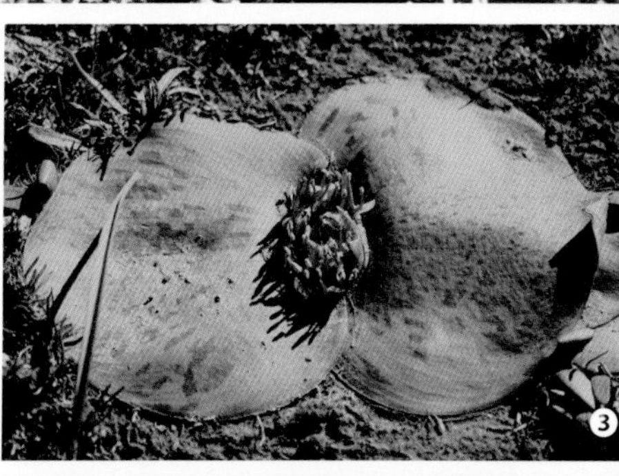

①山の斜面にA・ディコトマが何処までも続く
②ブッシュの中で肌が真っ白なチレコドン・パニキュラータス
③ブッシュの日陰でエリオスペルマムが頑張る
④葉の凹凸が美しいアロイノプシス・ヴィレッティー

①このあたりは八巻状の山が多い
②市街地手前の造成地は多肉の宝庫、下記の品種他が消え失せる運命にある
③マッソニアの群落も在るが何時まで生き延びられるのか？
④五劫思惟阿弥陀如来の螺髪に似た、ユーフォルビア・クラバリオイデス
五劫とは言わぬまでも数十年かけて大株（直径 30cm）に育った

①*Euphorbia* clavarioides直径40cmの大株 ユーフォルビア
②*Aloinopsis malherbei* アロイノプシス
③*Senecio* sp. セネキオ
④*Euphorbia dregeana* ユーフォルビア
⑤*Stomatium villetii* ストマチウム

町並みを通り過ぎると、又高原地帯に入ると共に再度雪が積もる岩稜帯を通過する。この辺りで高原地帯は終わる様だが、多肉の姿が見当たらないのが残念だ。やがて幹線道路に出ると、ひたすらカーブの下り坂が続くが、日陰の場所に積雪が有った。寒い南風に運ばれた雪の吹き溜まりとなっており、珍しいのであろうか、数台の車が停まっており、子供が雪で遊んでいた。坂を下りきったあたりで砂利道に入り、休憩がてら路肩を探索する。川も無いのに変わった丸い石や万物想が幾つも在る、傍にオキザリスの黄花と春リンドウか立山リンドウの様な凛とした格好の黄色い花が咲いていた。場所から考えると、どうやらＴＡＮＫＷＡ　ＫＡＲＯＯ国立公園内に入った様だ。鉢巻をした様な変わった姿の山々をやり過ごし、尖った面白い形の山の近くを通過したのが最後この先は単調な平原が何処までも続く。遥か遠くに山が望めるが、多肉は見当たらず平坦な場所に叢が所々に在るだけで、周囲の景色は変わり映えしない。

①高原地帯の端には鉢巻をした山容が多く、尖った山を最後に原野へと変わる
②*Aizoaceae* の一種とリンドウのような黄色い花（アイゾアセアエ）
③*Senecio radicans* セネキオ
④*Monsonia crassicaule* モンソニア

①ユーフォルビアやコチレドン等の多くの多肉の先に原野のレストランが在った
②岩の殿堂に生息するユーフォルビアの古木とエリオスペルマム・パラドクサム
③多肉達も岩の色に負けずに個性を発揮しながら生き延びる
　中央は緑のチレコドン、左右に白と紫のアイゾアセアエ、他が共生する

①コーデックスの一種（左）
②岩の隙間で頑張るアイゾアセアエの一種
③ユーホルビアの丘
④葉脈でなくヒビワレ模様が綺麗な葉の多肉
⑤2 年間も雨が降らず乾燥しきってひび割れた土壌（K さんの車と）

80 ㎞以上の速度で飛ばしていると、ダチョウが１羽見えガラス越しにシャッターを切ったが時既に遅く、画面からはみ出しそうな姿が何とか映っていた。ほぼ直線の道路を 1 時間以上走った頃に、レストハウスのような建物が見えたので停車し、ハウスの中には入らず周囲を探索。３人の原住民が、ラバであろうか２頭の動物に荷車を引かせていたが、休憩のため降りてハウスの方へ向かって行った。ここは岩稜帯で、雨が降ると水が溜まるのであろう、今は乾ききってひび割れているが、そこに１本だけ赤いメセンが生息していた。小一時間の探索であったが、岩場には万物想、エリオスペルマム、マッソニア、メセン、ユーホルビア、ケープバルブ他、数えたらきりがない多くの種類が主に岩の割れ目に根をおろして生息している。陽も大分傾きかけてきた、先を急ぐとしよう。

①*Tylecodon reticulatus* チレコドン
②ラバと思われる動物に荷車引かせていた原住民
③*Crassula colmnaris* クラッスラ
④*Cheiridopsis acuminata* ケイリドプシス
⑤左：*Eriospermum* sp. 右：*Eriospermum paradoxum* エリオスペルマム

道路は未舗装だが、路面は平坦で整備されており、路面の石質は黒っぽく、鏃の様な水晶石は無い様だ。交通量が少ないのか、道路の凹凸も気にならないので、煙幕を巻き上げながら 100 ㎞近く出しても安心だ。やがて鉄塔が多くなり変電所の先を左折し、舗装道路を一路タウズリバーへ向かう。この辺りは直線道路が多く、対向車や前を走る車も殆ど無い絶景の山間を快適に走り抜ける。ホテル探しの途中で周囲を見渡していると、近くの山の先には雪を抱いた高い山も見えた。陽が沈む頃、ホテルとロッジが一緒になった宿が見つかり、ロッジのツインルームに落ち着く。ホテルには観光客が大型バスで来ており、ダイニングは別だがバーや売店は一緒で、バーの方からは夜遅くまで大きな話し声が絶えなかった。ここのバスタブは結構大きく深く、風呂好きの日本人には足を真っ直ぐ延ばせるのが有難い。昨晩の寒さとは打って変わって、ゆっくり入浴を楽しむ事が出来、疲れも癒されるのであった。

①国立公園の広大な原野を抜けると山間に入る
②コブを付けた幹が面白い、*Euphorbia braunsii* ユーフォルビア
③砂埃を巻き上げながら100㎞位で車を飛ばす
④ホテルとロッジが共存する、勿論ロッジを選択
⑤バスツアーの目的は?、ヨーロッパ人がホテルの方に宿泊

奥:*Androcymbium ciliolatum*
手前:*Bulbinella graminifolia*

# Touws River 390km Robertson

タウウスリバー　ロバートソン

この地方の主な生息種／ Haworthia, Cape bulbs, Crassula, Aloidendron dichotomum, Gasteria, Adromischus, Euphorbia, Eriospermum, Massonia, Lachenalia, Tylecodon, Aloe, Astroloba

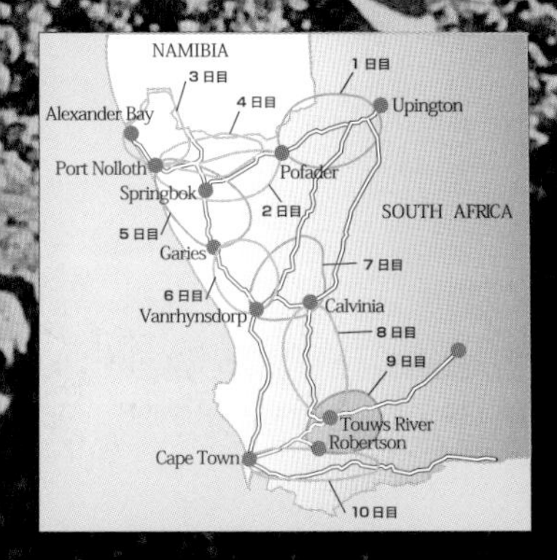


1

5

列車は見かけなかったが、この町には駅が有る。売店付きのガソリンスタンドで給油、今日もルーティーンから始める。アフリカの蒸気機関車は初めて見るが、車の窓から使い古しのそれが置かれている公園を横に見て、教会の前を抜ける。山肌にはアメリカのＨＯＬＬＹ　ＷＯＯＤよろしく、ＴＯＵＷＳ　ＲＩＶＥＲの文字が掲げられているのが印象的だ。踏切を渡り、モンタギュー経由でロバートソンに向かう。舗装道路を外れ、間もなく未舗装の道へと車を進める。山の頂から朝日が昇る頃、ようやく地面の様子を窺う事が出来る明るさに成ってきた。広い道路の路肩に車を停め、路肩と鉄条網の間の 5m程の場所を前後して探索。ケープバルブ類や万物想、いずれも小さなモノばかりだ。場所を変え、山間への入口で、花を咲かせている品種やアドロミスクスなどが生息する場所が有った、いずれの場所も多肉の数が少ないのとは裏腹に、ケープバルブ類が目立って多かった。

①*Haemanthus* sp.（早朝は霜に覆われている）（ハエマンサス）
②*Ornithglossum* sp. オニソグロッサム
③左上：*Mesembryanthemum guerichianum*、左下：*Albuca*、右：*Massonia* sp.（メセン、アルブカ、マッソニア）
④*Albuca* sp. アルブカ
⑤*Crassula capensis* クラッスラ

有名なブルートレインを引いていた機関車

ホテル近くの教会

①*Senecio rowleyanus* セネキオ
②*Ebracteola fulleri* エブラクテオラ
③*Crassula barbata* クラッスラ
④*Albuca namaquensis* アルブカ

米ハリウッドに真似てTOUWSRIVIER

やがて高原地帯への本格的な登りが始まり、遥か先までの山肌に道路が続く。山道を登り切り、峠に出るが周囲は深い山に囲まれており、見晴らしは良くない。下りのカーブを数回通過したヘアピンカーブの崖の上に、ユーホルビアの巨大な群生が現れる。少し下がった道路の直線部分の路肩に車を停める。戻って崖上のその球を見上げるだけでも立派だ。下から見る限りでは、大株に成長している赤い大葉のクラッスラ、直径が１m以上の何種類かのユーホルビアの群生株が確認出来る。崖の上の様子はどうなっているのか、登り易い場所を探して行ってみる。ブッシュの中にも同じ様に山の上の方迄多くの大株が見事に並んでいる。それこそブッシュを分け入り進もうと思ったが、枝がとげ状になっていて痛く、かつびっしり生えているので諦めて崖を下りた。

①山中の上り坂ももう一息・・・ここの山は*Crassula*と*Euphorbia*の大群落だった（クラッスラとユーフォルビア）
②*Crassula rogersii*　日陰の株は地味な色（クラッスラ）
③*Crassula cooperi*　特大株（クラッスラ）
④*Crassula* クラッスラ２種
⑤*Aizoaceae*の一種（アイゾアセアエ）

このページは *Euphorbia enopla* sp. 等、*Euphorbia* と一部 *Crassula* の オンパレード　①〜⑤全てタイプ違いの *Euphorbia* & *Crassula*
ユーフォルビアとクラッスラ

①クラッスラに前後左右を守られたユーフォルビア・ブルビナータ
②蛇の如く長く伸び頭が垂れ下がった特大の葉を持ったクラッスラ
③丸みを帯び見事に色付いたクラッスラの大株
④刺の多いブッシュの中で山奥まで分布するユーフォルビア・エノプラの

①岩稜地帯の崖上は細い物から太いものまで多種のユーフォルビアの聖地
②他の崖上は山奥までユーフォルビアの大株が並ぶ
③谷間の両側にはクラッスラやユーフォルビアが山上迄見渡せる

山道を車で少し下った崖に、大きな万物想が見えたので走る車から撮った。もっと下の別の場所には実生だろうか、チレコドンと万物想か阿房宮の若木が幾つも確認出来た。山の斜面の開拓地に、柑橘類（と思われる）の栽培農場が見え、その先には黄色い岩山の近くに、モンタギューの街並みが望める。モンタギューではナーセリーに寄る予定にしているが、こちらもホテルと同じく連絡先も解らなければ場所も不明。こぢんまりとしたこの町の中心街は碁盤の目の様に区切られており、分らない場所を探すには苦労は少なく、行ったり来たりしながらでも、同じ所をぐるぐる回る事はほぼ無いのだ。山側の坂が突き当りになった所に、目的のナーセリーは有ったが、休みなのか門が閉まっていた。ロバートソンの先にもナーセリーが有る様なのでそこへ寄る事に決めた。この町は山に囲まれ、眺めが良いばかりでなく、なんと温泉地でもある様だ。ひと風呂浴びたい気持ちを抑え、中心街の外れに特産品を売る工場併設の土産屋が有るとの事で寄ってみる。小奇麗な大きい売店で、ドライフルーツ、木の実、ワイン、チーズ等食品だけだったが、アフリカの特産品が揃い品数も多く、目ぼしいモノを購入する。山並みと街並みが美しいので、ゆっくり見物したい思いは有ったが、先を急ぐ。

①山間の土地を開拓し柑橘類の畑
②天然の鉢に納まる、*Crassula arborescens* クラッスラ
③モンタギューは眺めも街並みも綺麗な温泉地でもある
④ドライフルーツやワイン＆チーズも作る大きな工場兼売店
⑤左：*Veltheimia capensis*　右：*Tylecodon paniculatus*
ベルセイミアとチレコドン

国道の手前に茶色の岩山が有り、車の窓越しにその急斜面を良く見るとアロエ、コチレドン他が、陽当たりと街の眺めが良いから？であろうか、そういった岩の隙間に数えきれない程の多くが生息しているのも印象に残る。ロバートソン迄の道は概ね山間で、交通量が多いとは思えないが、登坂車線と思われる片側２車線の場所も有る。やがてロバートソンに到着し、陽の高い内に宿を確保してから再度探索を続ける事にする。街中のメイン道路のなだらかな坂を上ると、奥まった場所に大木が茂るロッジ風の宿が在り、良さそうなので車を入れ交渉の結果そこに決めた。木の枝にはいくつもの鳥の巣が有り、ハトらしき鳥や小鳥達があわただしく出入りしており、賑やかだった。これで今夜の宿は安心だ、Kさんと夕食を共にするのは今日が最後。宿に入る前にゆっくりと会話を楽しみたいとの思いも有り、早目に決めておきたかったのだ。

①美しい山間部の山の斜面には多肉の類が生息していそうな雰囲気が伝わってくる
②所々に在るトンネルは岩石が丈夫なのか掘りっ放しの場所もあった
③車窓からは*Aloe* sp.　*Crassula arborescons*と思われる姿が多数確認出来る
④*Aloe* sp.& *Cotyledon* sp. 他が崖の斜面に生息（③④いずれも走行中）
（アロエ＆コチレドン）

①アロイノプシス中央と共生する黄花（上）と細葉（下）のケープバルブ類
②走行中に崖の上にクラッスラの群生株が多数生息
③岩の隙間にクラッスラに混ざりアロエの姿も確認出来る（走行中）
④こんな山の崖の上にまで種を飛ばし生息する逞しい多肉が在った

①ユーフォルビアの大株と共生するハエマンサスの小苗が周囲に生息
②ワイナリーには小鳥達が備え付けのワインを目指しやって来る（中央の木の赤いボトル）
③近くの岩山を住処と決めたアロエとコチレドン
④ワイナリーに植栽されたエデュリスの花

早速だが多肉とナーセリー探しに向かうとしよう。この町にも鉄道が走っている様だ、国道の踏切を渡り、山間の方へ進む。途中にワイナリーの看板が表れ、小生の希望で寄ってみる事にした。ヤシの木？とメセンの赤紫の花が咲く入口に通じる道を進むと、木屑？コルクのチップ？を敷き詰めた駐車場に到着、車を降りて解ったのだが、ワインの栓に使うコルクの破片を利用している様だ。赤白５種類ずつの試飲セットを頼み、チーズとクッキーと共に飲み比べを楽しめたのは良かったものの、いい加減酔ってしまった。その勢いと美味しさのあまり、お土産に手ごろな赤と白を２本ずつ購入する事に成る。ワイナリーの広い庭園には小鳥用のワイン（色の付いた蜜の味がする鳥好みの水？）の瓶が吊るされており、何種類かの鳥達が入れ代わり立ち代わりやって来て楽しんでいた。ほろ酔い気分で目的地に向かう途中、ここにも蒸気機関車が保存されている公園らしき場所が有った。

①②古い蒸気機関車が置かれたレストラン（車窓から）
③薔薇のナーセリー？
④ワイナリーのエントランスの右は *Carpobrotus edulis*の長い寄せ植え
⑤ *Carpobrotus edulis*の花 （カルポブロツス）
⑥赤・白、計10種のワインを試飲する
⑦美味しそうなワインがズラリと並ぶ

街並みには名だたる日本企業のショールームも有り、発展が期待されるお国柄、その多くが農機具や建設機械関係である。街並みを過ぎ、橋の建設現場を通り過ぎると、右側に雪を抱いた高い山が見えて来た。所々に工場も有るが、さすが多肉の産地と言うお国柄に相応しく、周囲のフェンス沿いにはアロエが隙間無く植栽されている、日本で言うならばコニファーと言ったところだ。走る先には牧場やなだらかな山々が見え始め、風景が素晴らしい高原地帯に入る。絶景の中を２人の男性がクロスバイクをこぎ、緩やかではあるが長い上り坂に挑戦していた。風景の良いのに反し、道路の周辺は開発され切っていると見え、多肉の自生地らしき場所や、北の地方では当たり前の様に存在していた"路肩の自生地"も見当たらなかった。

①雪が頂上を覆うスウェレンダム近くの美しい山
②なだらかの高原地帯には牧場も多い
③クボタの現地駐在所？
④工場の敷地の周囲に植栽されていたアロエ：*Aloe arborescens* アロエ

そんな道路の先、左右にこぢんまりした小奇麗な街並みが続く町スウェレンダムに着く。この近くには綺麗な姿の山が有り、ハイキングコースも有る様だ。その一角に目的のナーセリーが見つかり、白い門を入る。駐車場に車を置くと、小高い坂の上に施設が見えている。アロエを中心に地植えや販売所、育成ハウスが数棟有り、現地産の品が一通りは揃っている様だ。屋外にある地植えのアロエには、あの飛行機の尾翼と同じ太陽鳥が、緑と赤に輝く体を忙しく動かしがら長い嘴で細長い花の蜜を飲んでいる。すぐ傍には日本でもお馴染みのメジロの姿や見た事も無い黒い鳥も飛び回る、鳥も花も賑やかな花園なのだ。この店では親子らしき２人の現地人が接客に当たっており、お年寄り夫婦が何種類かの鉢を調達、Kさんもめぼしき数種を購入していた。育成ハウスの前で、オーナーと思われるお年寄りにすれ違う。聞くところでは、10 年ほど前に手狭になった別の場所からこの地に引っ越してきたとの話だ。

①ナーセリーの入り口に植栽された植物
②敷地内には多くの種類のアロエが栽培されていた
③接客対応には現地の親子が担当
④アロエのみつを飲むタイヨウチョウ
⑤アロエの販売棚
⑥*Aloe thorncroftii*：珍品のアロエも販売されていた（アロエ）

帰りには町の近くの原野を日が暮れるまで探索した。小高い山のすそ野に家々が立ち並ぶ人里近く、しかも囲いも無く管理されていそうもない空き地だが、アロエをはじめケープバルブの数々が生息しているのが如何にも南アらしい。現地の人にとって、多肉達は「雑草」にしか見えないのであろうか、この場所でも小生にとっては「育ててみたい」と思う様な個体が幾つでも見つかる。空き地の中、我々のいる横に自然と付けられた細い近道を、買い物袋を提げた何人かの人が通り抜けて行った。陽も落ちたので引き上げ、宿への途中のレストランで最後の晩餐を楽しんだ。ケープタウンに近い場所柄だからなのか、大きな生の岩牡蠣にレモン汁をたっぷりとかけて食べる美味は、日本とはまた違う味わいがあり、忘れ難い想い出になったのである。Kさんとは日本での再会を約束し、旅の収穫の多さに感謝するとともに、ささやかではあるが労をねぎらう楽しいひと時を過ごしたのであった。

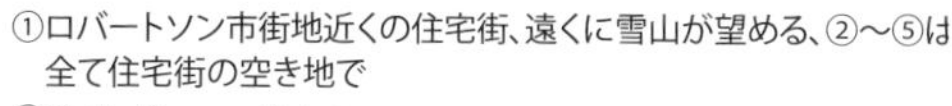

①ロバートソン市街地近くの住宅街、遠くに雪山が望める、②～⑤は全て住宅街の空き地で
②*Gethyllis* sp. ゲチリス
③*Eriospermum* sp. エリオスペルマム
④*Crassula cotyledoinis* クラッスラ
⑤*Aloe talcata* アロエ
⑥ケープバルブの一種

*Aloidendron dichotomum*

# 10日目

# Robertson →325 km→ Cape Town
ロバートソン　ケープタウン

この地方の主な生息種／Haworthia, Cape bulbs, Eriospermum, Aloe, Conophytum, Gasteria, Massonia

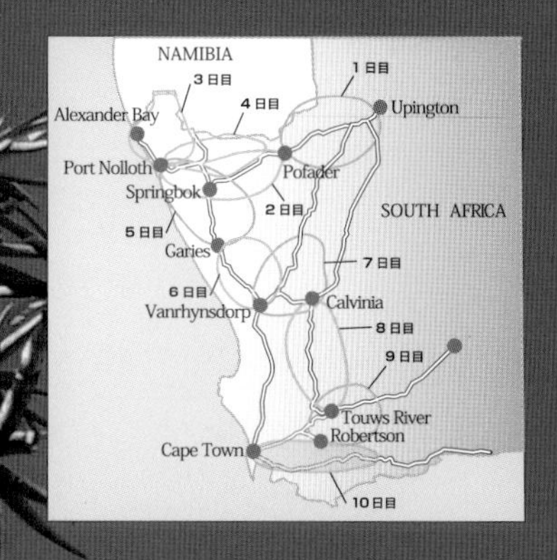

いよいよケープタウンに向かう最後の行程だ。ロバートソンには幾つかの工場も見かけ、人口も多いとみえ、それに比例して交通量も多い。ケープタウンへ向かう途中のウースターと言う町は更に大きく、片側２車線の街中の幹線道路では、信号待ちには 10 台近くの列が出来る。今迄通過してきた町や村では考えられない多さだ。お土産が多くなって持ち歩けないので、この町の郵便局に寄り、ワイン以外の重たいモノは郵送した。（ところが１万円以上もするエア便なのに、日本に到着するまでになんと１か月も要した。紛失したのかと思い、あきらめた頃に到着し“もしかしたら船便だったのかも知れない”と思った位である。）今走っているケープタウン迄の道路は日本の高速道路並みに快適だ。それに反して、車を止める所も無ければ、近くには自生地も無い様だ。しかし唯一の望みが、かつて旧道だった景色の良い山越えに有るらしい。最近開通したその山の下を直線道路で抜けるトンネルを通らず、迂回して山中に車を進める事にする。人口の多い都市部では自生する貴重な植物は乱獲されきってしまったのだろうか。人口が少なく人の往来も少ない、閑散とした村や地方の更に奥地迄足を運ばないと、珍品と言われる種類には遭遇出来なくなっている様だ。下手な観光ガイドや素人では貴重な植物の自生地迄は辿り着けないであろう。Ｋさんは、仲間からの情報を頼りにくまなく調査し、綿密な行程を組んでくれていたのだ、有難い限りだ。

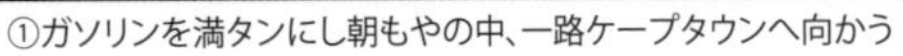

①ガソリンを満タンにし朝もやの中、一路ケープタウンへ向かう
②途中のウースターと言う名の町の中心街
③中心街の教会
④銀色に輝くタンクが並ぶ飲料関係と思われる工場

かつての幹線道路だけあって、片側１車線ではあるが道幅は広く、カーブは山中なのに以外と緩やかで、しかも沿道の木々と言い山の岩肌と言い、景色も悪くない。山の斜面には、冬に白い花を咲かせる木がいたるところに生息しており、満開の見頃を迎えていた。やがて坂も緩やかになると、見晴らしの良い場所の手前に広い駐車場が有り車を停める。ここからの眺めがまた最高なのだ、遥か下の遠くに三角錐の山が見える。その先には工場地帯も有るのだろうか、それとも多くの車の排気ガスの影響なのか、景色が霞んでいる。明らかに雲では無く、どんよりと重苦しくたなびく様は、環境度外視の経済成長期の日本が経験した、公害と言う嫌なイメージを思い出させる事になった。

①道路は整備され周囲も開拓されており、多肉の自生地らしき場所は無かった
②直進のトンネルを抜けず、左の山越えに在る多肉の自生地に寄る
③堆積状況がはっきり分かる地層が多いのもこの国の特徴だった
④最後の山中の自生地から眺めるケープタウン方面

①エリオスペルマム・パラドクサムやオキザリス等が多い高原地帯
②マッソニアとアイリノプシス
③チレコドン・ペアルソニー

①9 日目の雨が少ない高原では岩石の隙間に根を下ろす多肉やケープバルブが
南部の平地とは異なる生態系が見られた
②ケイリドプシスを主とする多肉は海岸から湿った朝霧が立ち込める山間部に多い
③クネルスワラクテの石英の大地の様な多肉達も南部地域では見られない

しかし、標高も高く空気の澄んだこの辺り、下界とは打って変わり，植物の生育には適した場所なのであろう。道路の反対側は高い崖になっており、何か所かの岩の隙間から水が染み出している、その下には様々な植物の緑が確認出来る。今迄も多くの場所で見てきたオキザリスの花、殆どは黄色だったが、この場所では何故か黄色は見かけず、白と紫色だ。ケープバルブの一種だろうか、茎の伸び方が水仙のような格好で黄色い花を付けたものが２か所に咲いている。変わったところでは、細いアスパラガスの様な格好の多肉らしき個体が土の中からニョキニョキ伸びて、例外なく弓なりに体全体を曲げ、その先端を地面に押し付けている、不思議な光景だ。その他にもケープバルブと思しき姿が多く確認できる。今回の多肉植物原産地探索の旅、最後はここケープタウン近く、町並みを遥か先に望む、見晴らしの良い自生地で締め括った。最後の探索を終え、坂を下る途中で２匹の猿が道路を我が物顔でゆっくり歩いており、これが南アフリカでの野生動物の見納めでもあった。

①右：*Cheiridopsis* sp.　左：*Eriospermum paradoxum*
ケイリドプシスとエリオスペルマム
②オキザリスと共生する、不明な棒状の植物
③*Hypoxis obtusa* ヒポキス
④*Brunsvigia bosmaniae* ブルンスビギア
⑤*Crassula colytedonis* クラッスラ

①*Capeirousia silenoides* カペイロウジア
②*Oxalis kamiesbergensis* オキザリス
③*Oxalis sonderiana* オキザリス
④*Lampranthus* sp. ランプランタス
⑤最後の探索を終え、アフリカ固有?のサルが見送ってくれた

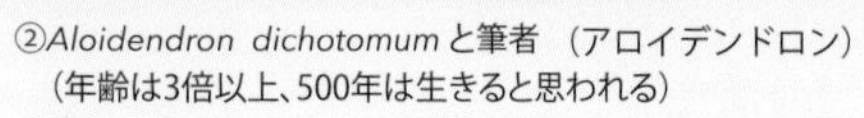

②*Aloidendron dichotomum*と筆者　(アロイデンドロン)
(年齢は3倍以上、500年は生きると思われる)
③黄色い花の*Othonna* sp.と背後に*Aizoaceae* sp. オトンナとアイゾアセアエ
④走行距離の85%は未舗装の悪路、アフリカの原野を堪能
⑤Kさんの愛車トヨタRAV4、15万㎞とは思えない走りだった(Kさん共々お疲れ様でした)

3500 ㎞に及ぶ 10 日間の全行程を、３度のパンク以外、怪我や大きなトラブルも無く完走を果たす事が出来たのである。友人宅を訪ねながら２日間かけ、ヨハネスブルグへ戻ると言うＫさんとは、空港の玄関前で別れた。「元祖のテーブルマウンテン」を含む、ケープタウン見学は出来なかったが、雲に隠れたその姿を眺め、空港内に展示されていたテーブルマウンテン行きのゴンドラの実物を見る事で、頂上に立った気分を味わうのだった。小生はケープタウンから空路ヨハネスブルグ、香港経由で帰国する事にしている。ケープタウン空港では、南アフリカ航空のエアバス A340•300E の 250 人乗りが駐機していたが、ここでは移動式タラップ迄は機体の傍を歩いて搭乗する方式なので、初めて近くで見る４発のターボファンジェットエンジンの巨大さに驚く。機内ではカラフルなスカーフとブルーのスーツを纏ったキャビン・アテンダントが、野菜の間に肉とチーズを挟んだ軽食のパンと飲み物を運んでくれた。機長を含むクルーは全員が、乗客も大半が原住民と思われローカル色が強く、それがかえって「アフリカ」という異国情緒を醸し出してくれ、同乗する違和感よりも、むしろ楽しみすら感じたのである。１泊した乗り継ぎのヨハネスブルグで現地人に声をかけると、必ずと言っても良い位にチャイニーズと間違えられる。日本人の影が薄いと言うよりも、顔だけでは見分けのつかない、大中華圏（中国はもとより・台湾・シンガポール・香港等の華僑の人々が特に多い様だ）からと思われる団体の観光客が多いと聞き、改めて驚くのであった。

①キャビンアテンダントの制服とスカーフの色は、肌と絶妙のバランスだった
②エアバスの巨大なエンジンとタラップに向かう乗客、ケープタウン空港の文字が見える
③空港ビルにはテーブルマウンテン行きのゴンドラの実物が置かれていた
④パンには2017年7月22日の正味期限が書かれており、肉とチーズは美味

### 南アフリカの　人間模様

南アフリカ共和国の人々、その生活レベルは、まだまだ貧富の差が大きいのであろうか。何回かレストランで飲食をしたが、不思議な位に従業員以外は原住民の姿を見かけなかった。差別をしている訳でも無いだろうと思うと、外食する金銭的余裕が無いのかも知れない。更には住宅環境だ、目立ったのはケープタウン近くでの事、道路から確認出来る範囲だが、立派な住宅が有る反面、大半がバラック状の住宅なのには驚く、更に居住地域も分れているかの様に感じられ、貧富による格差は歴然としていた。

現地では植物ばかりに関心が向いてしまい、せっかく未踏の地へ出向いたにもかかわらず、原住民との交流を殆ど行わなかったのが心残りではある。話す機会があったにも関わらず、写真を撮らせてもらわなかった事も多かった。ここに登場するのはほんの一握りの方々ではあるが、忘れ得ぬ出会いになった。

①テーブルマウンテンを背景に貧困層の住まいだろうか粗末なハウスが並ぶ
②富裕層向けの新規分譲住宅だろうか大きなハウスも見られた
③ケープタウン空港ビルの土産店でマンデラ氏の服を編んでいた女性
④レジで店員が写真を撮って欲しいと言った、日本で渡すと言ったら笑っていた
⑤路上で、薬草や球根類を売っていた現住民、スプリングボックにて
⑥ケープタウンから出張の3人組に中国人と間違えられた、ヨハネスブルグのホテルの中庭で

**南アフリカの鳥**

南アで見かけた鳥、日本でおなじみなのはスズメとメジロが姿や色が殆ど同じ、ハトは姿や形が似た鳥は見かけたが、色が違うので果たしてハトかどうかは不明であった。その他太陽鳥等、見た事も無い鳥達の可愛い姿が目にとまった。特筆すべきは、プロローグで述べたあのジェット機の真っ赤な垂直尾翼と胴体に描かれた鳥の正体である。長い嘴をアロエの様な細長い花冠の奥まで差し込み蜜を吸う食事方法をとるので有名なのは、アメリカとアルゼンチンに生息する「ハチドリ」とアフリカ大陸を含む熱帯地域に生息する「太陽鳥」だ。ハチドリは体も小さく蜜を吸う時には何かにとまる事が殆ど不可能な為、ヘリコプターの様に空中で「ホバリング」（羽を高速で動かして空中で停止）しながら蜜を吸うアマツバメ目のスズメバチ科だ。他方、太陽鳥はと言うと、スズメ目のタイヨウチョウ科であり、一部は同じ科に分類されるが、習性や体の大きさ、生息地域から考えると、異なる種類と考えて良いだろう。スウェレンダムのナーセリーで見たタイヨウチョウは、その色からして Double Collared Sunbird（ゴシキ・タイヨウチョウ）の一種に違いない。他方、ヴァンリンスドルフのホテル前でアロエ・ディコトマの花の蜜を吸いに来ていたのは、地味な色から推測するには、メスのタイヨウチョウの一種か、Amethyst Sunbird（アメシスト・タイヨウチョウ）かも知れない。

①ヒタキ類か、ロバートソン近郊の骨董屋の店先で
②太陽鳥の飛翔、盛んに飛び回りアロエの蜜を飲んでいた
③電柱に巣を造る鳥、この光景に驚き今回の旅が始まった
④太陽鳥のくちばしは、アロエの花冠の長さに合わせた形が特徴
⑤メジロより一回り大きな黄色い鳥
⑥日本でお馴染みのメジロも多く飛び回る

### 南アフリカに咲く花々

南アフリカはイメージ的には南国との印象もあるが、かつては南極観測船「宗谷」が、南極の昭和基地へ向かう最後の寄港地がケープタウンであった。そんな南アの冬は昼間でも 5～ 15℃位なので日本の冬と同じなのだろう。今回の真冬の旅、高地では霜や積雪の場所も通過はしたが、平地の日中は 15℃位だったので、オキザリスやメセン等の花が所々で咲き、特に冬が開花時期のアロエの花は印象に残った。

①敷地の周囲に植栽されたアロエ（ロバートソン郊外にて）
②オキザリスの見事な赤花（ステインボックとポートノロスの間の丘で）
③ナーセリーでは2棟の育成ハウスで多くの多肉が栽培されるもコーデックス類は少ない
④農家の入り口に咲くアロイデンドロン・ディコトマムの黄花（カルビニア郊外にて）
⑤春の時期には多くの多肉が一斉に開花する（写真提供：小林浩氏）
⑥*Cephalophyllum spongiosum*　セファロヒルム

**多肉の自生地への思い**

肝心な多肉、珍種の自生地は人里離れた原野や山奥と相場が決まっている様だ。勿論幹線道路の路肩にも、興味をそそる多くが生息しているのを見る事は可能だが、品種は限られている。観光ルートになっている公園やナーセリーを訪ねれば、生息状況の概要を知るには手っ取り早く効率も良いと思われる。しかし本来の“あるがまま”の姿に出会うには、苦労をしてでもその場所迄行く必要が有り、それが現地に赴く価値とも言える。多肉の生息地が、例え人里近くだろうが、奥地だろうが、その環境の保全と個体の保護に向け、今後の活動に期待したいと感じた旅でもあった。

昨今の世界的な多肉ブームは、自生地へ与える影響は大きく、何処の誰とは言わないまでも、その乱獲は目に余るものが有るらしい。その様な事も一因となり、2018 年の 10 月からの原産地を含めた規制強化につながったのであろうか。種の保護と育成は、積極的に取り組まなければならない課題へと発展して来ているのである。今回は真冬の原産地の探索であったが、可能ならば別の季節に再度訪問出来る事を念じ、南アフリカの原野に生息する多肉達との出会い旅を閉じる事にする。

①*Aizoaceae*の一種 （アイゾアセアエ）
②*Aizoaceae*の枝変わりで異形の葉が面白い
③*Aloidendron dichotomum* アロイデンドロン
④*Euphorbia enopla* ユーフォルビア

①遥か先まで水晶石の丘が続きアルギロデルマ、ユーフォルビア、モニラリア、等多くが生息
②チレコドン＆特大の葉が見事なハエマンサス（背景の大地にはKさんの車）
③岩の多い場所を好んで育つアロイデンドロン・ディコトマム（スプリングボック近く）
④山間の半日陰でもケイリドプシスは花を咲かせ種を付け子孫を増やす

2017 年の旅から帰国後 2 年で世界の植物事情は一変しました、種の保護を前面に打ち出した規制の強化が実施されたのです。従来からのワシントン条約に加え、日本への持ち込みや輸入には、現地の証明書の取得などの義務化が施行されました。小生が旅をした自生地では、自由な植物探索は可能な反面、パトロールによるチェックの強化が実施されている様です。将来的には、自生地に近い状況の人為的な再現等で、効率良く植物本来の生息状況を知る事が可能になるかも知れません。絶滅危惧種はもとより自生地の保存等、多肉をはじめとした植物側から見た施策が定着する事に期待したいところです。

①クラッスラ、アイゾアセアエ等 3 種
②エリオスペルマム、アイゾアセアエ、ユーフォリビア
③チレコドンレティキュラータス、アイゾアセアエ

①南アフリカの夜明け（タウスリバーにて）
②チレコドンの低木の下には大きく育った多くのマッソニアが共生
③アイゾアセアエに寄り添い共生するラケナリア（左）とセネキオ（右）
④休眠中の真冬には葉を落とした姿が芸術的なチレコドン
⑤ケイリドプシス＆冬から目覚めたアイゾアセアエ
⑥走行中に各所で見ることができたA・ディコトマム

## あとがき

この本を手にされた方々の多くは、多肉植物の愛好家、もしくは旅行好きの方々であると推測される。人類 20 万年の歴史の中で、たったの 10 日、しかも冬と言う一時期だけの出来事であるが、多肉植物自生地の横顔を窺う事が叶った訳である。今回の体験を一個人の記憶にとどめるだけでなく、誠に僭越ではありますが先輩諸氏を含めた多くの皆様に、つたない文章と写真にてご確認いただければと思います。アフリカ大陸と言えばホモサピエンスの故郷であり、その末裔の一民族が我々日本人なのであるが、ご先祖様はこの地で多肉達と共存関係にあったに違いない。時には飢えを満たしてもらい、ある時にはのどの渇きを癒してくれたのであろうか。そういった事が必要無くなった現代だからこそ、大昔に起きたであろう恩恵に感謝し、彼らの生命を大切に見守りかつ育成する事が、今我々に出来るせめてもの恩返しではなかろうか。思わぬコロナの影響で隣町への移動も制限されてしまった訳ですが、ワクチンやウイルスとの共生が進み、現地への旅も再開されつつあります。多肉の原産地に対する関心はますます高まる昨今ですが、皆様の貴重なご経験とも合わせて、この冊子がお役にたてば幸いです。

①モルゲンロートに焼けるテーブルマウンテンは素晴らしいの一言
②アロイデンドロン・ディコトマム
③ペラルゴニュウム・カルノサム
④ゲチリス sp.
⑤チレコドン・ワリッチー
⑥アルブカ sp.

昨年はＲＷＣ(ﾗｸﾞﾋﾞｰ･ﾜｰﾙﾄﾞ･ｶｯﾌﾟ）2023 がフランスで開催されました。日本チームは成長を重ね昨年も全力を尽くし、僅かながらベストエイトに届かずも今後に期待を託しました。この本の初版本は、2019年の秋に執筆を始めましたが、おりしもＲＷＣ日本大会の真っ只中で、写真選定や品種の説明文を、ラグビーを観戦しながら作業をしていたのを思い出します。日本全国の会場で開催され、世界中から観戦に訪れたファンや協会関係者からは、ＲＷＣ史上最高の試合環境だったと言われ、おもてなしその他で日本を評価し、絶賛される大会でもあった訳です。決勝トーナメントで日本は南アフリカに完敗しましたが、ラグビーを良く知らない人も含め、大いに沸き上がったと言っても良いと思います。この改訂版の検討を始めたきっかけも、2019年に続きＲＷＣに刺激されたと言っても良いと思います。今回２大会連続で見事に優勝を果たし、頂点に立った南アフリカ共和国、あの小柄な選手デクラークの活躍を再び目にした時、日本のラグビーも奇蹟の勝利ではなく、実力での優勝が期待できると誰もが確信した事でしょう。

小生は南アフリカ共和国へは行ったものの、日程の都合で現地では都会の街中を歩く事は皆無でした。車で走り抜いた殆どが広大な未開の原野でしたので、この国はあらゆる面において、無限とも言える発展の可能性を秘めていると感じました。多肉の自生地への関心が高まるこの時を機会に、植物以外の面でも南アフリカ共和国に興味を持たれてみてはいかがでしょうか。

プロローグでも触れた通り、この旅のきっかけは小林会長の本に依るところが大きい訳ですが、旅の記録を残したいとの切なる思いを抱き始めたのは、帰国の２年後でした。旅と本好きのＡＰＵ（立命館アジア太平洋大学）学長の出口治明さんの講義の中で聞いた「誰も行った事のない場所に行け・誰もやらなかったことをやれ」という言葉が脳裏に浮かんだのです。「とんでもない所に行って来たんだ！この貴重な体験は発信し知らせなければ！」との思いに駆られ、記憶を辿り、執筆に至った訳です。アフリカ大陸には、動物や植物好きの多くの方々が行かれ、動物に関する書物は知るも、多肉植物、特に紀行に関する書物は見かけませんでした。多分この本は本邦初の紀行文となったのではないかと思われます。また、初版本を手にされた趣味家の皆様から、多肉植物の普及も視野に入れ、一般読者向けに書店での販売のご要望が多く寄せられました。

ＮＨＫ・ＴＶ趣味の園芸の多肉植物偏で、講師である鶴仙園の靍岡秀明さんと一緒に出演されている俳優の滝藤賢一さんは、多肉の育成に没頭されておられると聞きます。おりしも、ＮＨＫのメンバーと共に、南アフリカの原野に行かれた「南アフリカ珍奇植物紀行」が 2023 年 12 月に BS 放送で放映され話題になっています。

本書の内容は、令和５（2023）年から遡る事６年前の原野探索 10 日間の記録で、言わば南アフリカ多肉植物自生地紀行の羅針盤と言っても過言ではないと思われます。植物保護の観点から、場所の特定は極力抑えましたが、多くのガイドも訪れた事が無い場所も含まれていると思われます。改訂増補版出版にあたり、自生地の貴重な写真を新たに 200 枚以上追加し、750 枚掲載しましたのでご参考にしていただければと思います。

末筆になりましたが、常日頃ご指導いただいている小林浩様には、今回の自生地で撮った写真に写っている品種に関して、多大なご教示をいただきました、更に編集から出版までご尽力ただいた古谷卓様・聡様ご両人、会報や例会で貴重な情報をご提供いただいている国際多肉植物協会会員の皆様、更には友人のＫさんに、この場をお借りしてお礼申し上げ筆を置く事にします。

尚、自生種は見分けが困難なので品種名の誤記はご容赦いただきたいのと、ケープバルブ類は一般的には葉と花のセットで品種が特定出来ますが、冬は葉だけだったので不明なものはＳＰとさせていただきました。

また、南アフリカ西部に行ったからには、パキポディウム・ナマクワナム（光堂）を語らずにはいられません。しかし、想定外の事態が起こる事は避けられず、今回はタイヤのパンクで光堂の自生地には辿り着けず、悔しい思いをしました。翌日のルートからも遠く離れていたので、光堂とブルゲリーの自生地に関しては、小林浩様執筆『自生地の多肉植物』誠文堂新光社刊、の写真（若かりし頃の氏の姿も）を特別に掲載させていただける事になりました。現在これらの場所へは足を踏み入れる事が困難との事で、大変貴重な写真と受け止めております。

2024 年 3 月 吉日

執筆・撮影：松原裕一／編集協力：小林浩